◎東 晋次 著

退職老人の日本語教育

―日中協同教育 in 天津

JN139919

白帝社

目次

I　天津赴任へ

一　天津初訪問

「あれが天津タワーです。」

二〇〇四年一二月二七日、出迎えてくれた田園先生は、天津国際空港を出てしばらく走ってから見えてきた、青空に向かって突き刺すように伸びた一本の細い線を指さしながらそう言った。

「中国語で〈天塔《ティエンター》〉と言いますが、あれを目指していけば、天津師範大学の八里台校区の近くまで行けます。」

とも彼女は言った。三重大で会ったことのある彼女の日本語は相変わらず流暢である。空港から西方向へ向かっていることは、太陽の位置からわかった。この日私たち三重大学教育学部教員団は、天津師範大学国際教育交流学院（学部）設立の式典に参加すべく、セントレア空港から三時間あまりをかけて飛んできたのである。私はいちおうその団長となっていた。

二〇〇四年四月に法人化された日本の国立大学では、それぞれの経営努力が要求され、プロジェクトと称する、学問的な場にそぐわないいろいろな企画を立てることが推奨され、大学内で認められたプロジェクトには計画に見合った予算が交付されることになっていた。私の同僚で、天津師範大学（以下適宜「師範大」とも言う）と国際的協同教育を実施しようという計画を立てて三重大執行部に予算を要求していた森脇健夫先生が、申請の代表者となってほしいと、中国古代史を専攻している私に声をかけてきたのである。その時、ごく普通の一回限りの計画で、将来にわたってこれほどまでに己の人生が左右されるような事態に立ち至るなど思いも寄らなかった私は、いいよ、と気軽に引き受けたのである。これがいけなかった。この最初の天津訪問から始まり、以降の私の生活はすべてこの教育プログラムのためにあるようなことになってしまったのだから。

中国そのものへは、私自身一九八三年に初めて旅行し、上海から重慶、成都、西安などをまわった。文革の影響がまだ残っていた当時の中国は、二〇〇四年の天津訪問時と比べて、すべての面で日本の昭和二〇年から三〇年代にかけての様相を呈しており、夜は暗く、女性の服装の色彩も地味で、多くの人がまだ人民服を着ており、自転車で移動する人も多かった。その後だいたい三年から五年に一回くらい、秦漢史の学会や考古学の発掘現場の参観・史跡見学などで中国の地方都市に出かけたが、急速に現代化が進行してきていることは肌で実感することができた。

初めて天津を訪問して感じたのは、いままで内陸の地方都市を多く見てきた自分にとって、上海と並んで沿海の発展途上の大都市との予備知識を裏切らない印象であった。省と同等の直轄市たる天津は、一六の市轄区から構成され、人口は約一千万、その中の天津市城区に人口が集中し、多くの都市機能を有する大都会である。世界各国のメーカーの自動車が行き交う広い通り、何十階もあるビル群、私の居住地名古屋市よりもずっとずっと繁華な都会の印象であった。

我々を乗せた迎えの自動車は、天津市河西区にある天津師範大学八里台校区の金橋賓館というホテルに小一時間で到着した。この賓館は現在では「金橋国際公寓」或いは「金橋賓館留学生公寓」(〈公寓《コンユィ》〉はアパートの意味)と名称を変えているが、師範大への賓客や訪問者を宿泊させ、六階以上は留学生をも収容している九階建ての一六〇室近くあるホテルである。明日以降「天津師範大学国際教育交流学院」と称する学部の教員や事務員が執務する〈办公室《パンコンシー》〉もこのホテルの二階にある。

翌日の式典は逸夫楼で午後二時から開始された。現在の高玉葆学長は、当時副学長であったが、式典の司会を務めた。靳潤成学長、及び国際交流処長であり新学部長ともなる鍾英華教授などの挨拶があり、いよいよ来賓代表者の挨拶の段となった。私は三重大学教育学部教員を代表して祝辞を中国語でのべ、最後に教育学部美術科田畑進教授の制作になる、開いた書物をかたどったブロンズを贈呈しながら、この新学部は頁を重ねるように学部以前からの教育組織を次第に発展させ今日に至ったことは言うまでもないが、この作品名は「積み重ね」といい、これを贈呈することによって、これまでの先輩教員の方々のご努力を褒め称え、現在の教職員の方々が今後も歴史を積み重ねていくことを期待したい、と述べて満場の拍手を受けたのである。草稿もあり、何度も発音練習したから自信があったが、最後の部分はとっさの思いつきで我ながらびっくりした。

式典を終えて祝賀の宴が張られ、多くの師範大関係者に紹介された。翌日少しの時間であったが、今後の三重大と師範大との協同教育について話し合いが行われ、お互いの具体的な実施案を持ち寄りさらに交流を深めるということで今回の訪問の目的は十分果たされた。帰国後、教育学部内において天津師範大学との協同教育を実現するための「天津師範大学日本語コース支援・合作委員会」がもうけられ、私はその委員長としてますますこのプログラムにのめり込んでいくようになったのである。

二　協同教育の制度的概要

DD（ダブルディグリー）制度とは

二〇〇二年からの両大学交流の開始から、二〇〇四年一二月の天津師範大学「国際教育交流学院」の設立、そしてその後の両大学の学部間合作弁学協定締結までの道のりについては、巻末の「交流記録」をご覧いただきたいが、ここで両大学による協同教育についてその制度的な概要を説明しておきたい。それは、ＤＤ制度一般と二〇〇三年九月一日発効の「中華人民共和国中外合作弁学条例」（国務院令第三七二号　二〇〇三年三月一日発布）の二つに関するものである。まずＤＤ制度について。

ＤＤとは、Double Degree あるいは Dual Degree の略号である。Dual Degree が制度としての呼称であり、Double Degree が取得された双学位を指す。ＤＤ制度には、理論上いろいろな形態がありうる。

①　同一大学内での異なる学科・学部等の二つの学位の取得制度

②　異なる大学間の同一学科・学部等の二つの学位の取得制度

③　異なる大学間の異なる学科・学部等の二つの学位の取得制度

①もＤＤではあろうが、一般的には②と③とを指して言うから、以下では、天津師範大学との合作弁学方式によるＤＤ制度は、②または③の意味で「ＤＤ」の語を用いる。

それでは、日本の国内の諸大学におけるＤＤ制度はどのような実施状況にあったのか。我々の調査では、国立大学では鳥取大学、私立大学では立命館大学と関西大学で実施されていた。おそらく関東の私立大学にも存在したかもしれないが、上記三大学の前例で十分であった。

⑴　鳥取大学の場合

国立大学の学部においてＤＤ制度を実施していたのは、管見の限り鳥取大学のみである。その制度の基本的特徴および制度創設過程の特色として、以下の諸点が挙げられる。

① 共通教育の単位を提携大学（韓国の釜慶大学）の教養科目と一括互換していること。
② 専門科目単位の互換については、個別科目毎に互換可能かどうかを協議していること。
③ 鳥取大学への提携大学学生の入学については、編入学として正規の学籍を認めていること。
④ 双方の大学における修学期間の合計を五年としていること。
⑤ DD取得希望学生を双方の大学に派遣していること。
⑥ DD制度の創設は、まず「基本協定」を結んでDD制度の開始を前提にし、制度の細部は「個別協議」によって学年進行的に確定していること。

⑵ 立命館大学の場合

① 修学期間の合計が四年で、通常の大学卒業（飛び級制度を除く）と同じ期間となっている。
② 詳細は判明しないが、双方の大学で取得した単位数を、相互に一括的に加算して充当し合い、双方の大学の卒業に必要な単位数を満たしていること。
③ DD入試という、DD取得を目指す学生を選抜して派遣する方式をとっていること。
④ 奨学金制度があり、留学生に対する経済的な優遇措置をとっていること。
⑤ 立命館大学から日本人学生を海外大学に派遣することに重点を置いていること。

(3) 関西大学の場合

ほぼ立命館大学に同じ。

以上が三大学の当時のＤＤ制度の概要である。特に注意すべきは、鳥取大学の場合、韓国からの留学生は存在するが、鳥取大学から韓国へ留学する学生がほとんどいないのが課題となっている、と聞いたことである。後の話だが、三重大においても同様な課題が生じたのである。立命館大学のような、英語圏の大学へ送り出す方式とは異なり、鳥取大のように、日本の学生で特殊な専門志向の学生を除けば、留学に意欲的な学生が少ないのはある意味やむを得ないことかもしれないのである。こういうところにも、西洋偏重主義がまだ色濃く残っているという感想を当時抱いたことを覚えている。それはともかく、三重大のＤＤ制度が上記三大学と大きく異なる点は、外国の個別大学の意向や施策を超えた、中国の国家的な教育政策の一環として両大学の協同教育計画が構想された点にある。

「合作弁学」

「合作弁学」の語は、中国語の〈合作办学《フーツオバンシュエ》〉からくるもので、「協同で学校を経営する」という意味である。中国政府は、国内の高等教育を発展させるために、先進的な海外の高等教育機関と協同して、学校や学科を運営することを推奨する目的で、二〇〇三年九月一日発効の「中華人民共和国中外合作弁学条例」を制定した。中国教育部の審査を受け、合作弁学の認可が得られれば、合作教育機関として国内法によって保護され、国の優遇措置が適用される。条例では法律にもとづき自由に教育事業を行うことができるよう規定されており、通常の法規による運営上の制約を受けない。例えば、物価上昇を防止するため物価局の規制によって授業料の上限が制約されるが、合作弁学の認可を受けた場合は、自由に授業料の額を設定できる。高い授業料を払ってでも学生が入学してくるようにするためには、その合作弁学コースには何らかの就学上のメリットがなければならない。二つの学位を取得できるとか、海外大学への自動的留学機会を付与したり、あるいは中国の大学教授陣よりも教育効果の上がる外国語教育コースの設定、等々。そのような就学上のメリットを含むカリキュラムも、教育部の認可を受ける必要があるとはいえ、自由に設定できる。

三重大・天津師範大が目指した、師範大における「日本語教育コース」の開設もそうした合作弁学方式による三重大との協同経営によるものである。特に日本語教育という点からみて、日本語母語話者による高度な日本語教育を推進してくれるのは、日本の大学しかない。師範大としては、三重大における日本語教育コース諸科目の履修単位はきわめて重視すべき性格のものであり、こと「日本語教育コース」に関しては、三重大が本校、師範大が分校という位置づけをもっても不思議ではない。かくして、「学部改革委員会」の伊藤彰男委員長の主導の下、三重大教育学部では学部改組を行い、人間発達科学課程の一コースとして「日本語教育コース（定員一〇名）」を翌二〇〇六年度からゼロ免コースとして開設することが七月教授会において承認・決定された。

三重大は、かくして天津師範大という中国の大学と協同教育する唯一の国立大学としての準備を着々と進めていったのである。

協同教育の意義とメリット

本協同教育の計画の三重大にとってもつ意義とメリットは、当時以下のように考えられていた。

(1)　三重大学のミッションにとっての意義

三重大学のミッションは「三重から世界へ：地域に根ざし世界に誇れる独自性豊かな教育研究成果を生み出す。～人と自然の調和・共生の中で～」である。この協同教育プログラムは、まさに三重発の世界への日本と世界を結ぶ人材育成のシステムの提案であり、地域に根ざし国際的にも活躍できる人材を育成するという、本学の中期目標を実現していくための国際教育開発計画である。

(2) 大学教育の国際化への効果としての意義

本計画では、ただ単に大学教育の国際化、ということではなく、国際的な大学教育の展開という道を拓こうとしている。お互いの教員や学生の派遣・交流にとどまらず、学生教育の責任を連携大学とシェアしようとする国際的な関係構築の新たな試みである。この取り組みが軌道に乗った段階には、本学の教員が直接天津師範大学に赴き、三重大学の講義を天津師範大学で開講することになる。本学教員と天津師範大学の教員や学生との直接的な交流により、三重大学の国際化がさらに一層進捗することが期待される。

また、本計画の実施によって、本学（当面は教育学部）が、まとまった数の中国人留学生を常時引き受ける、ということになる。こうした留学生たちは、日常的な大学生活レベルにおける国際交流をもたらす。チューター制度（日本人学生がチューターとして留学生の面倒を見る）を実施することによって学生間個々の交流をつくりだしていく。

(3) 将来の大学の国際化のモデルケースとしての意義

本計画は、我が国の大学が国際化していく際の一つのモデルケースとなろう。それは一つには、諸外国の大学における特定のコース、課程を日本の大学が共同設置、協同運営するという新しいスタイルの構築である。DD制度とそれを可能とするカリキュラムによって、双方の大学の学士号の取得が可能となる。中国側においても、「合作弁学コース」として国の直接の認可のもとに自由なカリキュラムと運営形態を設定でき、学生募集上メリットが大きい。

第二には、日本語教員養成コースの新しさである。現在中国において、日本語学科は多くの大学に設けられているが、日本語教員養成コースを名称として持つ大学はほとんどなく、現時点でそうしたコースを設置しようとしているのは天津師範大学のみのようである。日本語学習者の裾野を広げるには、現地語を母語としながら、現地において日本語を教えることができる人材育成はきわめて重要な課題である。本計画は、その課題に応えるものである。それには新たな提供リソースが必要であり、教員養成のノウハウを持つ教育学部など、文系学部の新たな連携の可能性を拓くものである。

(4) 日中友好関係の構築にとっての意義

本計画が想定しているのは、量的にも質的にも従来の国際交流とはまったく異なるレベルの交流である。すなわち、日常的に日中の学生が同じ場で学び、教え合うという事態の実現である。学生たちが学習経験、生活経験をともにする、国際交流の新たな提案である。こうした交流は、将来教員になる学生たちにとって、異文化に対する寛容性や国際性を身につける上で大きな意味を持つだろう。

本計画が実現されることによって、日中両国の学生が、日本語や中国語（英語など他の言語も可能）の相互教育を通じた交流を深め、若い世代における日中友好関係の構築に資することになろう。

(5) 三重大学が創発するＤＤ制度としての意義

本計画は、海外大学との日本語教育コースの協同経営により、海外大学から一定数の学生を受け入れ、三重大学の課程を修了することによって、三重大学の学位はもとより、海外大学の学位も取得できるようにするものである。従来、国内の私立大学を中心に実施されているＤＤ制度は、提携大学へ日本人学生を派遣し、提携大学の単位を取得してその学位を取得すると同時に、本籍の日本の大学の学位をも取得させるというのが一般的である。本計画は、海外大学の学生を三重大学が引き受けるという面に主眼を置いたＤＤ制度であって、さらに、提携大学への三重大学教員の出張講義をも一つの柱とする、従来の一般的なＤＤ制度にはない特色のあるものであり、国内では初めての試みとなる。

この計画が軌道にのれば、今後の三重大学における海外大学とのＤＤ制度を含む共同事業を推進するに際しての重要な一歩が踏み出されることになる。海外からは、それらの大学に学籍を有する優秀な学生多数が三重大学で学ぶことになり、国際色豊かな三重大学が誕生することになる。

(6) 財政収入上のメリット

以上のような海外大学との協同事業の推進によって、一定の授業料収入が見込まれ、財政的に本学をうるおすことにもつながる。

三重大学では以上のような協同教育計画のメリットをもとに、以下のような「三重大学D制度の基本原則」が関係会議に提案され承認された。これを原則として天津師範大学との交渉に臨むことになったのである。

1．三重大学・提携大学それぞれに在学する期間の合計を、五年とする。
2．三重大学の卒業に必要な所定の単位を取得した提携大学の学生には、三重大学の学位を授与する。
3．三重大学学生の提携大学の学位取得に必要な単位は、提携大学と協議する。
4．共通教育の四〇単位は、提携大学の共通教育科目と一括互換する。
5．専門科目の互換については、両大学で履修した専門科目について個別に協議する。

三　交渉・協定締結

交渉は八里台の金橋賓館で、鍾英華国際交流処長と処員の楊薇・田園さん、こちらは伊藤彰男先生と私、通訳の康鳳麗（現鈴鹿医療科学大学教員）さん。やはり国が違い教育制度が異なる相手であるだけに何回にもわたる交渉は難航した。たとえば、学年の開始が四月と九月で異なる。日本でも留学生の受け入れに便宜であるということで、東京大学から入学期を九月に設定して世界の諸国と歩調を合わせようという提案がなされた。しかしその提案は実現を見ることはなかった。またDD制度に実あらしめるため、あるいは日本語教育の実施という点からも、三重大の卒業要件として五年の在学期間が強く求められた。しかしこの三重大の要求はあっさりと拒否された。というのは、中国の高等教育の基本法に、大学では四年で卒業できるカリキュラムを組むことが義務づけられていたのである。従って師範大をまず四年目の六月に卒業し、一〇月から三重大へもう一年留学して、翌年の九月に卒業するという変則的なスケジュールが設定されることになったわけである。これらの新学期の開始のずれ、四年（師範大）と五年（三重大）の在学期間の相違が、その後の学生たちの大学院進学や就職活動にも大いに影響を与える結果となった。

三重大側にもいろいろな事情があった。たとえば三重大から二名の教員が天津に赴いて日本語教育に当たる、という約束が中国側の絶対の条件である。そうでなければ、「中外合作弁学」の条件を満たさないから、中国教育部の認可を受けられないし、物価局の授業料規定を上回る授業料の徴収ができない。授業料を高額にしないとプログラム推進のための人事や設備の整備が可能とならない。二名の教員派遣ということもあり、欧米の諸大学との提携であれば諸手を挙げて賛成しても、中国という謎の多い国の学生はどうか、と言ってこのプログラムにいい顔をしない構成員もけっこう存在して、教授会はじめいろいろな会議では委員長として説得におおいに苦労した。また、二人の三重大教員（必ずしも現役という限定はついてはいなかった）の派遣については、委員長として当初それほど心配してはいなかった。在外研究制度で欧米へ赴きたい教員がたくさんいたから、海外で一年間くらい過ごすことに抵抗感のある教員は少ないだろう、くらいに軽く考えていたのである。最初の派遣員は学年進行の関係もあり一名で、名誉教授の中田常男先生になんとか了解していただいて、協定締結の準備人事として初代派遣員になってもらった。しかしこの教員二名の派遣という約束がこのプログラムを継続する上で三重大側の大きなネックとなるとは、その時思いもよらなかったのである。

学部の委員会から全学の評議会まで紆余曲折があったが、ともかく二〇〇六年九月に協定が締結され、天津師範大で一期生の入学式があり、授業が実際に始まったのである。初代の長期派遣教員は経済学の中田常男先生であった。中田先生の一年の任期が終り、次の二名の派遣で問題が起こった。派遣員主任は、伊藤彰男先生が早期退職して自己犠牲的に引き受けて下さったのだが（二年半後に東が継承）、現役の教員でもう一人のなり手がなかった。その時、義侠心で赴任してくれたのが宮岡邦臣先生（自然地理学）であった。宮岡先生の後を継ぐ形で、現役の先生方（橋本博孝〔故人〕：国語科教育学、佐藤廣和：教育学、手塚和男：法律学、大坪慶之：

東洋史学、山田康彦：美術科教育学、内田秀昭：経済学）がそれぞれ半年間、二〇一二年七月まで天津の教壇に立たれた。しかし学部内事情から現役派遣が難しく、それ以降、私以外のもう一人は、公募で日本語教育の専門家に依頼するようになっていったのである。中田・伊藤・宮岡の三先生はじめ、天津赴任の先生方には個人的に今でも感謝している。

ここで少し説明しておいた方が良いのは、天津に派遣される日本人教員として、日本語教育の経験のある人でなければならないか、というと必ずしもそうではないということである。確かに三重大の卒業コースはゼロ免の日本語教育コースであるから、日本語教育に関する科目が多くなり、そういう分野の専門家のほうが天津での学生指導にも好都合のように見える。しかし、天津で二年半かけて習得するのは日本語の能力が主であるけれども、日本語教育そのものだけを学ぶわけではない。むしろ日本語の能力を高めるためには、日本文化全般についての教養が必須であろう。師範大には日本語教育を担当する田園・馬暁菲・武穎という中国人教員がいて、彼女らは中国の日本語専門修士課程を卒業した、発音のきれいな、読み・書き・聴く能力に秀でた、通訳もできる、優れたスタッフであり、日本語学習の基礎の授業をしっかりと担当してくれている。しかしこうした中国人スタッフだけでは日本語・日本文化の指導は十分にはなりにくいのである。ここに、諸学問の専門的知見と大学教員としての経験や教養を背景にした三重大派遣の先生方の活躍する場がある。「合作弁学」つまり協同教育の趣旨はこういう形で生かされなければならなかったのである。

三重大が選択した以上のような協同教育のあり方を、国際化した現今の大学間交流の問題のレベルに下ろして考えてみると、その先進性が見えてくる。まず留学生の受け入れというか、獲得方法についてである。すでに前世紀後半より開始された世界のグローバリズム化、つまり人とモノと金と情報が国境を越えて往来する時代となったのだが、その中の重要な要素として「留学生」の問題がある。留学生は、人と金と情報が絡みついたまさしく各国家にとって熱意を持って招請すべき対象なのである。WTOは教育サービスを諸国家間の交易対象として扱うようになった。特に二〇〇一年一二月中華人民共和国がWTOに加盟するや、中国大陸の留学生をも含むその争奪戦が先進資本主義国によって熾烈に争われるようになる。他の先進国に大きく水をあけられた日本政府も一九八三年には二〇年間で「留学生一〇万人計画」（計画達成済み）を、二〇〇八年には二〇二〇年までの「留学生三〇万人計画」を打ちあげざるを得なかったわけである。このように、教育資源（留学生）を世界の主要な国々で争いあうのだが、いくつかの留学生獲得方法がある。一般的な留学希望者は世界中無数にいるが、日本の大学が留学生獲得数で評価を高めるために、海外大学に働きかけて留学生を自大学に招請する手法として以下のような方法が挙げられる。

①　交換留学制度。これは大学間協定に基づくものであって、員数はそれほど多くない。相

互に自由であるし、特に困難や問題があるわけではない。協定大学が多ければ留学生は増加する。

② 相手の国の大学内外に拠点を設けて留学生にふさわしい人材を確保する方法。入学試験なども行う。日本の主要な大学の多くがこの方法で、特に中国においてリクルートを行っている。

③ 海外大学との協同教育を踏まえて、自大学の留学生として確保する方式である。中国の「中外合作弁学条例」を利用する形で三重大が採用したような方式である。つまり留学生を自らの手で育てる、という考え方。

②の方法を採用している多くの有名大学は、留学生にかなり高いハードルをもうけている。そうだとしても留学生がその名前や実績に惹かれているのだから志願者は減らない。学部生はもとより大学院生も含まれている。こういう大学は優秀な留学生でないと入学させる価値がないと考えているのだろう。なぜならば、そういう留学生が卒業後も日本国内や自国・他国で大いに活躍して、その大学卒であることをもって大学の名を顕揚してもらうとか、きわめて優秀な研究者に成長してその大学の研究成果を世界に向けて誇ってもらう人材として必要だからである。だから海外市場において人材を求める必要があるのである。そうでなければ世界の有名

大学を相手に戦えない。そういう点ではアメリカの有名大学が露骨に競争力を高めていることは衆目の一致するところである。

一方、三重大のように、世界に知られていない弱小大学では、教育や外部環境などのサービスを丁寧に提供しないと留学生がなかなか集まってこない。奨学金などもその一つであろう。留学生の資質も有名大学ほどではないレベルとならざるを得ない。しかしこの種の大学では留学生を集めるにはこうせざるを得ないのである。というよりも、その大学が大学の教育力をアップして優秀な留学生に育て上げる（もちろん日本人学生も）ことが、その大学の地位を引き上げることになるのではないか。そうすれば次第次第に留学生たちのその大学に対する評価が高まり、より優秀な留学生が集まってくるようになることもあり得る。それを、自己認識が徹底せずに②の方式で留学生をかき集めようとすると、結局は空回りとなるほかはないのではないか。それよりも己をよく知って、より良い教育組織に自らを高め、その教育力でもって留学生を育てるようにすることが成功への近道になると思うのだが、どうであろう。留学生を自大学の発展のために利用しようという考え方はあまり感心しない。留学生を手段とするのではなく、留学生が成長できる教育を目的にすべきである。

三重大の場合、中外合作弁学条例の外国大学の片務性（この条例は中国の大学教育の充実を策したものだから）を克服するためダブルディグリーで相互性を確保しようとした。中外合作弁学条例を構想した中国の教育官僚はなかなかのものであったと思うが、そこにはやはり中国中心主義が見え隠れしており、我々はそれに乗っていちおうの成果を上げたが、解決しきれなかった問題もある。協定そのものは相互性を確保して、天津の学生も三重大の学生も二つの学位を取れるシステムにしたが、日本の学生や保護者の中国嫌いも有り、また両大学双方に特有の制度構築上の困難な事情（在学年数が増える三重大生にとって就職活動・教育実習・教員採用試験などに不都合な状況が生まれやすい）があって、双方向のダブルディグリー制度は実質的には実現しなかった。その点、このプログラムを推進した三重大側の責任者たる私の不徹底さは責められても致し方ない。ただ、この協同教育を推進することによって、中国が国家を挙げて取り組んでいる中国語・中国文化の世界的普及つまり「孔子学院」の世界各地への設置政策に対して、日本の国立大学として少しでも意地を見せ、一矢を報いたいというやむにやまれぬ気持ちが私の心の中に有ったことをここで付言しておきたい。

四　退職そして天津赴任

この協定、つまり三重大と天津師範大との「合作弁学」プログラムの内容をもう少し具体的に説明すると、天津師範大学の一学年二〇名の学生が、三年生前期まで天津において主として日本語を習得し、三年生の後半、三重大へは四月から一年間留学して、天津師範大のものとして読み替える日本語関係科目の単位（それらは三重大卒業の単位ともなる）を修得するとともに、それぞれ分属した三重大教員の下で師範大での卒業論文の指導を受ける。一年間の留学期間を終えた四年生後期の学生は師範大に復帰し、そこで教育実習や卒業論文の単位を取得しながら六月に師範大を卒業する。師範大卒業生は、その年の九月末に再び三重大へ留学し、おおかたはかつての指導教員の下で三重大の卒業に必要な残余の単位を修得するとともに、三重大の卒業論文の制作に励むのである。単位を取得し卒論審査に合格した学生は、九月末に三重大から卒業証書を授与され、ここにダブルディグリーの栄誉を勝ち得た学生が誕生する。このダブルディグリー制度は三重大の学生にも適用されるが、教育実習や教員採用試験などとのスケジュール調整がきついこと、就職を四年卒でと急いでいること、中国語習得の必要性が日本人学生にはそれほどないことなどから、天津師範大へ留学する学生はほとんどいなかった。ただ一人だけ師範大の教育学院修士課程まで進学した三重大生がいた。その彼は、そののち華東師範大学博士課程に転じ、中国語が話せる教員を求めている愛知県教育委員会に結局は採用されたと聞いている。急がば回れの感なきにしもあらずである。

この協定内容を実施するに際して三重大側に課された義務のうち、最大の問題は、毎年三重大を訪れる約二〇名の男女を混じえた留学生の宿舎を用意することである。困ったことに師範大側が保護者の要望からして、即時入居できる二〇名の部屋を空けてくれなければ、このプログラムは実施に踏み切れない、と強く主張したことである。中国の大学は原則として全寮制である。すべての学生は、保衛隊などに守られた寄宿舎に入学時より居住しなければならない。部屋は四人、六人、八人などのいわゆる蚕棚のようなベッドに寝起きする大部屋で、個室などはない。日本の大学とは宿舎環境が異なるのである。三重大にはそれまでにも留学生の宿舎はあるにはあった。しかし部屋数が少なく、いつも待機している留学生の数が多かった。このような状況の中に二〇名の新たな人数を押し込める余裕はとてもない。しかも五年目留学を考慮すれば、四〇名に近い天津からの留学生の部屋を確保しなければならないとなればなおさらである。

交渉の責任を負っていた私は、このプログラムをぜひ実現したいと思っていたので、この難問を解決する必要に迫られた。教授会レベルでも大議論になったし、全学的にも他の学部の承認が得られそうもなかった。二〇〇六年九月入学の一期生が三重大へ留学する二〇〇九年四月までに宿舎を完成させなければならないのであった。当時私は教育学部評議員として全学の会議に出ており、教育学部内では学部国際戦略WGの委員長でもあった。しかし学部長としてならまだしも、学部の評議員や一委員長では宿舎建設の発言力としては弱い。ちょうどこの頃、法人化して最初の任期五年の豊田長康学長の残り二年間のスタッフの入れ替えに当たってお

「桜庭園」除幕式（豊田学長と一期生）

り、そのメンバーの一人として私が理事に指名されたのである。私はできれば理事就任はご免こうむりたかった。なんとなれば大学の管理などというそんな能力もないし、二年後に迫った私の大嫌いな大学認証評価の責任者にならなければならなかったからである。しかし、全学の執行部に入るということは、留学生宿舎建設にとって絶好のチャンスでもあった。私は悩んだが、思い切って理事就任を受諾することにした。就任の二〇〇七年四月に早速宿舎建設の提案を行い、執行部の中に建設のための委員会を設け、事務方にも協力を仰いで具体的な検討が始まったのである。天津の学生を個室に入れると一棟すべて天津学生で占拠してしまい、他学部が建設に反対するので、女子寮についてだけ天津の学生が利用できる部屋は四人部屋に限定し、料金を安く上げるなどのメリットも考えた案を作ったりした。幸いしたのは、豊田学長がこの天津プログラムに乗り気で、その推進に積極的な態度を示してくれたことである。二年間は苦しかったが、国際交流に意欲的な豊田学長の意気に感じて、主たる担当分野の大学認証評価のみならず、他の分野の事業にも筆頭理事として精一杯働いた。こうして二〇〇九年三月の末にようやく天津からの留学生も受け入れることができる新たな留学生宿舎が二棟竣工したのである。任期ぎりぎりの完成でその時は本当に嬉しかったし、安堵もした。このとき完成したA・B棟に加えて、現在ではC・Dの二棟もそのそばに建設されている。三重大学の国際交流の発展を示すかのように。

二〇〇六年九月に発足した合作弁学事業は、長期派遣員と師範大側教員による日本語指導を経て、三重大での留学生宿舎の竣工、そして二〇〇九年四月の第一期生三重大留学、といよいよ軌道に乗り始めたのである。

一期生および二期生の日本語能力の程度は如何。「日本語能力一級試験（N1）」の結果で見てみよう。一期生二一名の内、三重大留学前、つまり入学後二年半の日本語学習により一級試験に合格した者は一七名（当時一級試験は年一回）。他の四名は三重大留学時二名、師範大卒業時二名。二期生は二二名。二年間での一級合格者九名。二年半での合格者七名で、師範大卒業時に全員が合格している。三重大留学前つまり二年半の日本語学習で、両期合わせた四三名のうち三三名が一級試験に合格するという驚異的な成績を上げた。学生も張り切っていたのである。

それと共に私の理事の任期が切れ、二〇〇九年三月末日を以て三重大を退職することになった。実はもう一年教育学部の教授籍があってそこに復帰することも可能であったが、それよりも天津への長期派遣員としての途を選択したのである。かくして、いろいろな人々との別れ、研究室の整理、津市の公務員宿舎から名古屋の自宅への引っ越し、などの半月ほどの疲労困憊の期間を乗り切り、四月一四日天津空港に降り立った。ここから二〇一六年七月まで足かけ八年間、天津での単身生活が始まったのである。

II　天津という都市

一　直轄市としての天津

「天津」という地名はものの本によると「天子の津《わたしば》」から来るらしい。明の成祖永楽帝が南征の際に南運河を渡ったという故事からつけられた名称とのこと。北京へ行くのに、海からの場合は天津港にまず上陸し、そこから陸路か、海河さらに永定河を船で遡って北京に至るのである。そういう意味で北京と天津は一体であったと言っても良い。現に新幹線が両都市を結び、三〇分くらいで行き来しており、北京の人口急増によって天津から北京に通勤する人も多いと聞く。もう少し言うと、私が天津人から聞いたところでは、北京よりも天津の方が物価が若干安いので、北京から天津に買い物に来たり、食事に

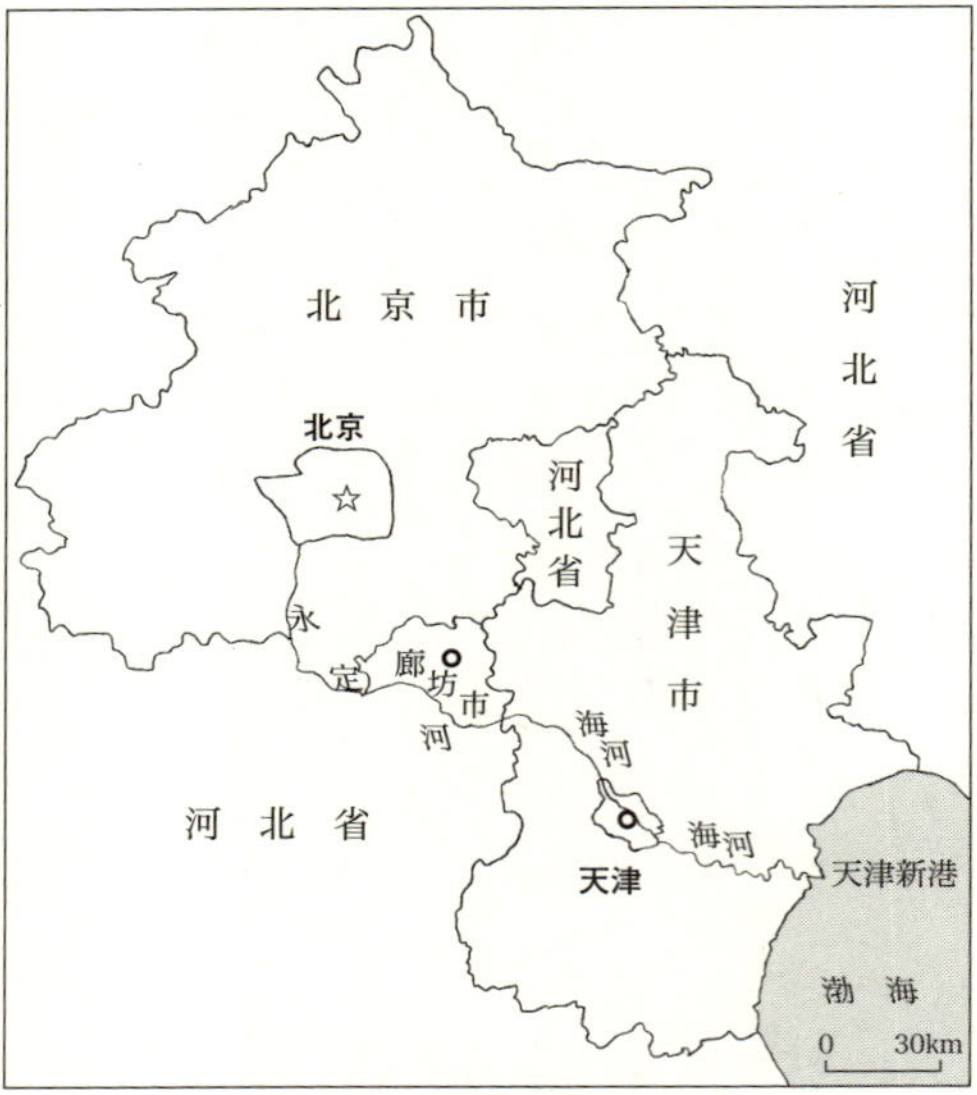

京津地区図

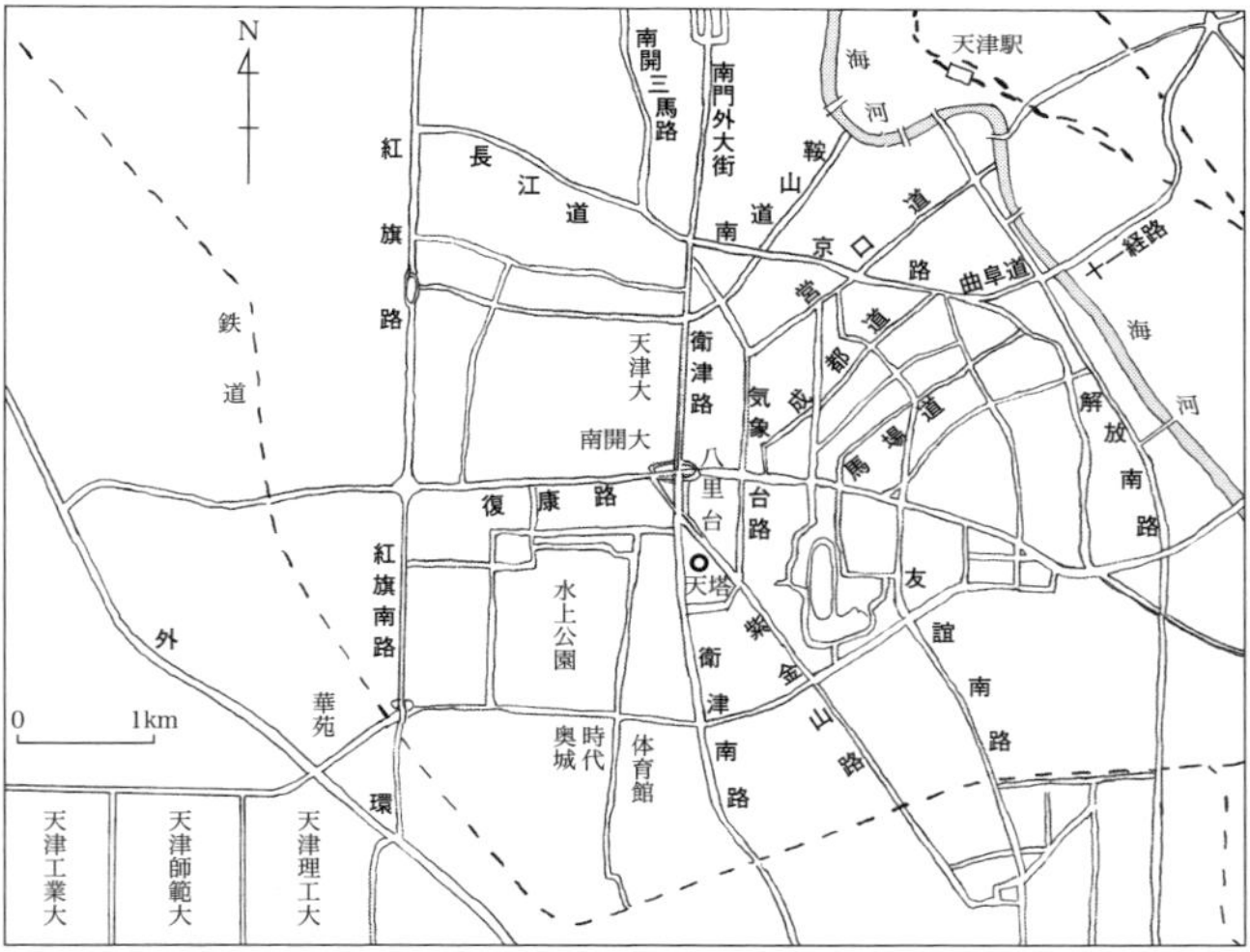

天津市市街地略図

わざわざ来る人が多いという。その天津人は北京よりは天津の方が好きで、北京には住みたくないと言っていた。私の経験から言っても天津の方がのんびりしている感じで、私の好みにマッチしている。そういえば、北京は政治都市、上海は経済都市といわれるが、天津は両都市に比べいろいろな面で田舎で、天津人は両都市の人々ほど政治的な関心はあまりない、という評価が天津人においても一般的のようだ。

しかし天津には天津の特色がある。それは上海や広州と並んで、中国の近代化の一つの拠点であったことである。天津は最初に労働組合ができた都市だ、とか、時計の生産では中国随一であるとか、いわれる。天津駅（昔は「天津東駅」）前の広場に巨大な時計が頭上高く掲げられており、贈物や土産物としても天津の時計は有名である。また、九か国の租借地（租界）によって分割されていたためにそれぞれの国振りが現在も特に建物などに残されており、中国の都市とは思えないほどにエキゾチックな雰囲気を漂わせていることは、上海よりも甚だしいように私には観ぜられる。アメリカの租界のあった一帯を現在では「小白楼」と呼ぶが、ホテルなどの西洋風ビルの林立するこの地域などは全く独特な雰囲気を持った一角となっている。天津外国語大学のある地域はイギリス租界であったが、イギリス風の街並みを感得することが十分可能な風情を有する。もちろん日本の租界だったところもあり、そこは現在では中国の下町的な街並みとなっている。

もう一つ私が天津という街に惚れ込むその理由は、天津の夜の霧が素晴らしく幻想的であること。渤海湾に面している土地柄からかもしれないが、濃霧がよく発生するのである。大体一一月から一二月頃にかけてよく遭遇したように記憶している。一度北京の空港へ向かうために午前四時頃に天津を出発したところ途中濃霧で高速道がノロノロ運転となり、下道に降りたが危うく遅れそうになったことがある。特に夜間に濃霧が出ると、中国のどこの街にもある、私の大好きなあの独特の街路樹とそれに挟まれた道路が街灯にぼんやりと照らされ、異国情緒のある邸館がボォーと行く手に現れる。自分には縁がなかったが、こういう時に二人で歩けば互いの心もしっとりとなるであろう。

以上のような特色を持った天津、たった八年間住んだだけの私の説明よりも、読者各位には、以下の項目についてインターネットでそれぞれの写真の載ったサイトをご覧頂きたい。その方が由来や情景もよく分かる。以下では、列挙した名所や旧跡、歴史的遺構など、そして生活のあれこれについての簡単な説明を付すにとどめたい。

二　近代史上の国際都市

九カ国租界と現在の景観

天津市街地の概略は地図に示したとおりである。以下、若干の留意点について触れておきたい。一つは、それぞれの地域にはそれぞれの歴史的な影響が刻印されており、その最たるものは、租界地を租借している国の文化によってその地域の建物を含めた景観に大きな差異を生み出していること。二つ目は、天津の街を歩いていると東西南北の方角が分からなくなることである。これは私が方向音痴だからではない。要するに北京の町並みのように、東西と南北に整然と条里制が敷かれていてそれが現在の街路になっている場合とは天津のは大いに異なる。やや大げさに言えば、曲がりくねった通りが縦横に走っているのである。中国では通りを表すの

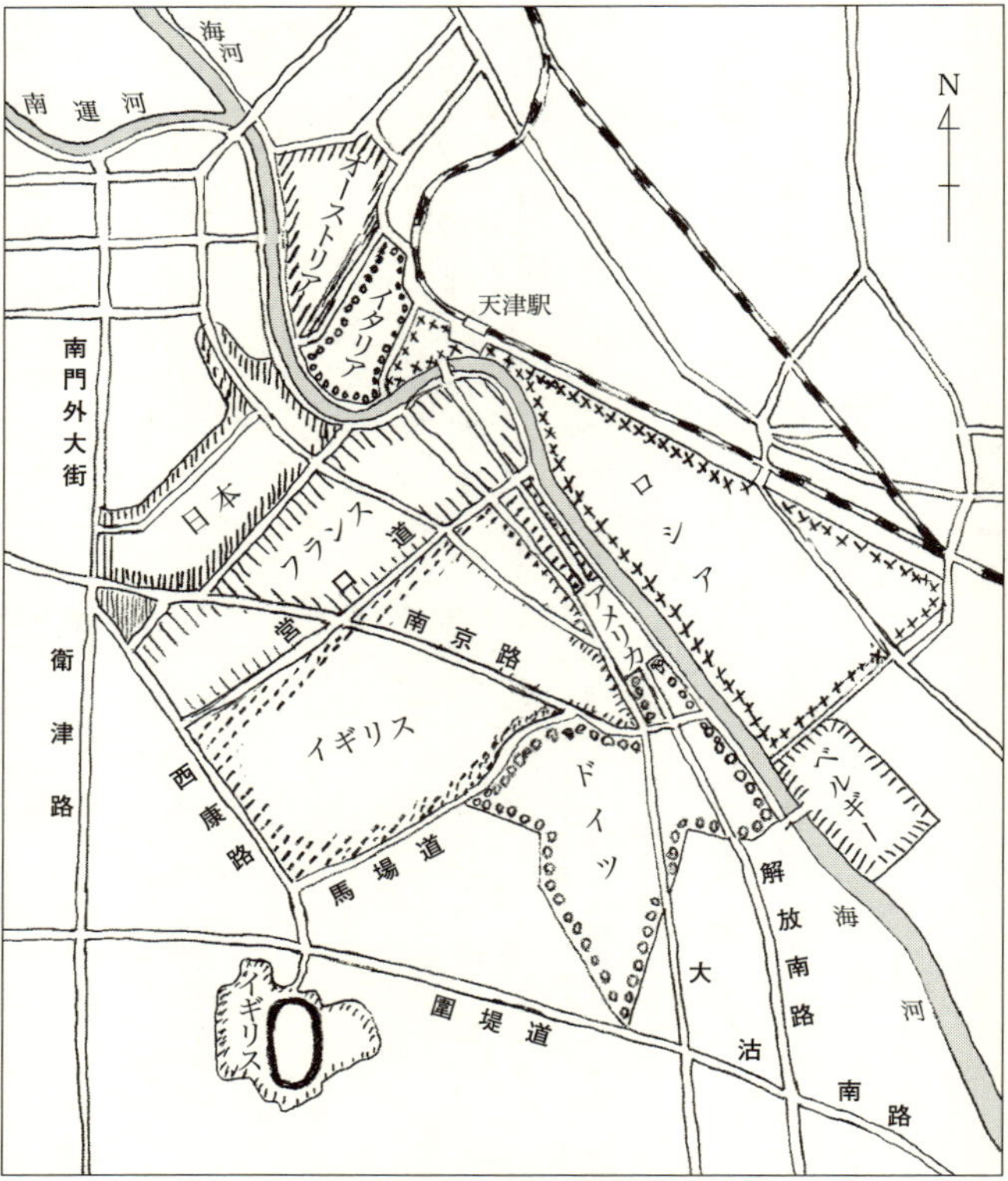

天津九国租界区域概略図

に、道と路を用いる。そしてその道・路の上に、全国の主要な都市名を冠するのである。例えば、天津の中心的な通りが南京路であり、成都道や邯鄲道があるかと思えば、山東道や陝西路のような省名を冠した通りもある。これは中国全国どこへ行っても同じである。もちろん、私が住んでいた八里台の周辺の道路には、呉家窑《ごかよう》大街や気象台路などその地域の固有の名称による命名もあるし、解放路や友誼路などの一般名詞を用いる場合もある。

五大道

英租界に位置する、重慶、常徳、大理、睦南、馬場の五つの通り（道）の総称で全長一七キロメートル。このエリアには、イギリス、フランス、イタリア、ドイツなど各国様式の歴史的建築物が残っている。

五大道のレストランについて少し述べると、知人の招待を受けて行ったのは普通の誰でも入れるレストランではない。予約でしか入れない住宅街の一軒、ニューヨークの五番街に行ったときに見かけた、半地下式の部屋があって道路から階段を上って玄関に至るような作りの家である。タクシーの運転手から聴いたことがある。天津の最高レストランはどんなところか、というこちらの問いに、いろいろとあるが、今通りすぎているこういう家の中にとてもおいしい料理を食べさせるところがあり、偉い人を接待するときに使うので、一般人は入れない、との答え。このあたりは英国の租界地であったから、建物もイギリス式が多い。一度その中に入ったことがあり、二階の黄金の部屋に招じいれられた。他にも龍の部屋とか、赤の部屋とかいろいろと特徴を持った部屋があると聞いた。料理も素晴らしいもので、私自身は味覚音痴だからよくは説明できないが、案内の人の説明では、フォアグラにせよ、アワビにせよ、肉料理にせよ、すべて天津では一級品なのだそうな。日本にも一見さんお断りの相当裕福な人でないと入れない店があると聞くが、どこの国も同じようなものなのかと、もう一度誰かが招待してくれないかなぁ、と思いながらいつもタクシーでその前を通り過ぎるのであった。

耶蘇教会堂・清真寺

キリスト教会堂も数多い。私が客人を何度か案内したのは、盛り場の濱江道の突き当たりにある「西開教堂」。フランス租界にあった教会堂で一九一三年建造。ロマネスク様式の聖堂である。他にも、一七七三年創建で、一八七〇年の天津教案の舞台となった河北区の望海楼教堂や塘沽堂など各所にある。

清真寺とは、イスラム教寺院のこと。これも市内にいくつかある。キリスト教の西開教堂のすぐ西側の西寧道にあり、また南門外大街や河西区人民公園の近くにも清真寺がある。

鼓楼・南市・古文化街

天津城にあった鼓楼が現在も残っている。鼓楼から南へ下る通りは鼓楼南街といい、南門外大街へ続く。大街から和平区へ少し入ったところに「南市」食品街あり。南市食品街に行くと天津のいろいろな食べ物を味わったり入手できる。私は今年二〇一七年一月二八日の春節の数日前に天津を訪れたのだが、南市に行き、いろいろな食品を買ってきた。古文化街は観光客が必ず行くところ。清朝から民国期の街並みが縦横に走り、土産物店が櫛比する。

静園・袁世凱、梁啓超故居

〔静園〕清朝のラストエンペラー溥儀が故宮を追われ、正妻の婉容と一九二九〜一九三一年のあいだ住んでいた屋敷。二〇〇七年より一般開放されている。本館となる洋館では、夫妻が実際に住んでいた寝室や書斎などが見学可能。天津市和平区鞍山道七〇号に在り、このあたりは旧日本租界であった。東に行けば濱江道の盛り場に出るが、静園内は非常に静謐。

〔袁世凱故居〕袁世凱は李鴻章と並んで清朝末期から民国初期までの中国近代史になくてはならない人物として有名。その広大な屋敷跡は、河北区海河東路三九号に在って、もともとオーストリア租界だった。レストランなどに利用されている。なかなか瀟洒な餐庁との記憶があり、海河の観光船乗り場にも近い。

〔梁啓超故居〕河北区民族路四四～四六号。天津駅の西方一キロメートルほどのところにある。イタリア租界の区域。梁啓超は康有為の弟子として有名。日本への亡命から帰国し、一九二四年イタリア人建築家の設計で「飲氷室」という書斎を建て、後進の指導に当たった。

三　繁華な街並み

伊勢丹周辺・濱江道

濱江道は、北京で言えば王府井にあたる天津の繁華街である。南端は南京路に面し、その入り口両側には、東に伊勢丹百貨店、西に「楽賓百貨」があり、北は海河まで至る道路だが、繁華な部分は約二キロくらいか。両側にはショッピングモールや各種専門店、映画館などの娯楽場、レストランなどが軒を並べ、かつての勧業場もある。土日になると若者でごった返す。南京路を越えて南には西開教堂があり、伊勢丹の東側には道路を挟んで、「耀華中学」という天津屈指の名門高校がなぜかこんな繁華街にある。

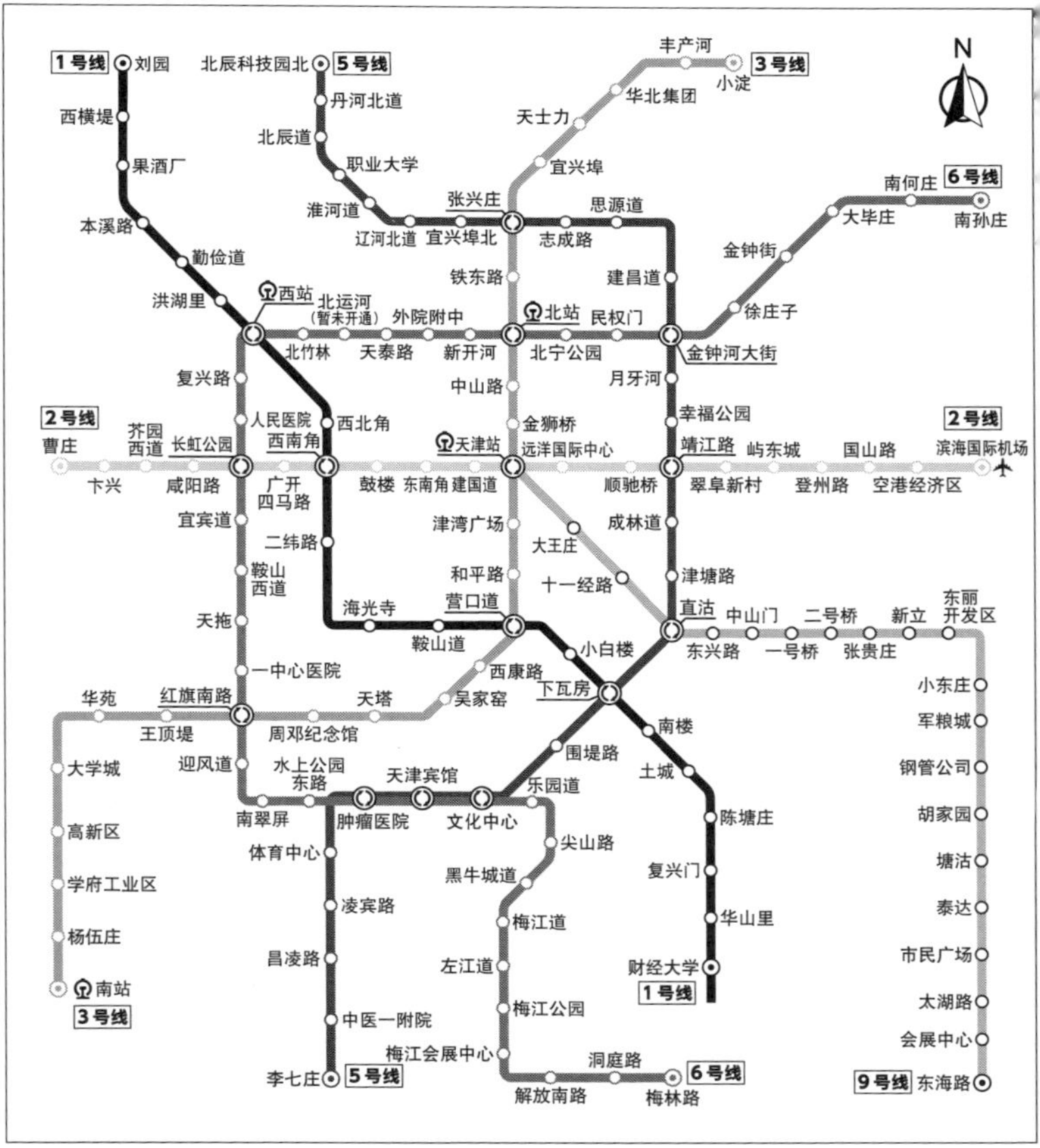

天津市最新地下鉄路線図
（5 号線の全線と 6 号線の一部は未通　2017 年 9 月現在）

海河と夜景

天津市内を蛇行する海河の川幅は一〇〇メートルくらいあろうか。地下鉄の津湾広場駅を降りて少し行くとレストランや娯楽場がある広場に出る。その河縁にはバーベキューを食べさせるところがあり、学生たちとビールを飲みながら、周辺に林立して点灯されたビル街を眺めるのも、まさしく極楽である。海河には遊覧船も浮かんでおり、いくつもある橋をくぐりながら、夜景を楽しむ川下りもまたおすすめのコース。

四　郊外と天津新港

塘沽・天津新港

塘沽は、一九五二年に天津新港ができるまで、天津市の外港として栄えた。海河が渤海湾に注ぐ河口に位置し、天津の中心地から約五〇キロ。現在は濱海新区の中心地である。大沽砲台

天津駅前の夜景・海河に架かる解放橋

や潮音寺などの観光地がある。天津は日本の函館・千葉・四日市・神戸と姉妹都市である。

楊柳鎮と石家大院

天津城区の西南に位置する楊柳鎮は、年画で有名。また元宵節（日本の小正月）には華やかな催しがある。鎮というのはかつての行政区域名で、県城の下にあった郷と同程度の集落のこと。「中国歴史文化名鎮」の一つに指定されている。石家大院は楊柳鎮の近くにあり、清代のこの地域の富豪の屋敷跡で、その広壮たることに驚くと共に、京劇などの戯劇を鑑賞できる屋内劇場があるなど、当時の地主など富豪の生活をしのばせる。よく映画のロケが行われることでも有名。

西青区の大学城

天津の主要大学として天津大学・南開大学・天津財経大学・天津理工大学・天津工業大学・天津師範大学があげられる。近年主要大学は天津郊外に続々移転し始めている。そのうち地下鉄三号線の大学城駅の近辺には、駅から市内の方に向かって工業大・師範大・理工大の順で、広大なキャンパスを隣り合わせている。

五　師範大八里台校区

呉家窑站

地下鉄三号線の八里台校区への最寄りの駅。東西の呉家窑大街と南北の気象台路との交差点にある。ここから八里台校区までは徒歩で約五分。天津ではずっと金橋賓館に住まいしたが、この駅ができてからは北京・上海・太原など遠方への旅行はもとより、日常的な伊勢丹・濱江道などへの買い物・食事にもこの駅を起点として、実によく利用した。

周鄧記念館・水上公園

周恩来とその妻の鄧穎超を顕彰するもので、周恩来が南開中学卒業生の故に、この地に建設されたのであろう。周恩来の立像は、南開大学の正門を入った広場に建てられている。記念館は、南開大学からほど遠くない水上公園の西北隅に建てられている。水上公園は四〇万平方メートルの広大な敷地に、四つの湖と一三の島を配置した公園で、市民の多くが憩う。私の感じでは、規模や雄大さは異なるが、北京の頤和園に似た風気を感じる公園である。私もここでよく散歩した。

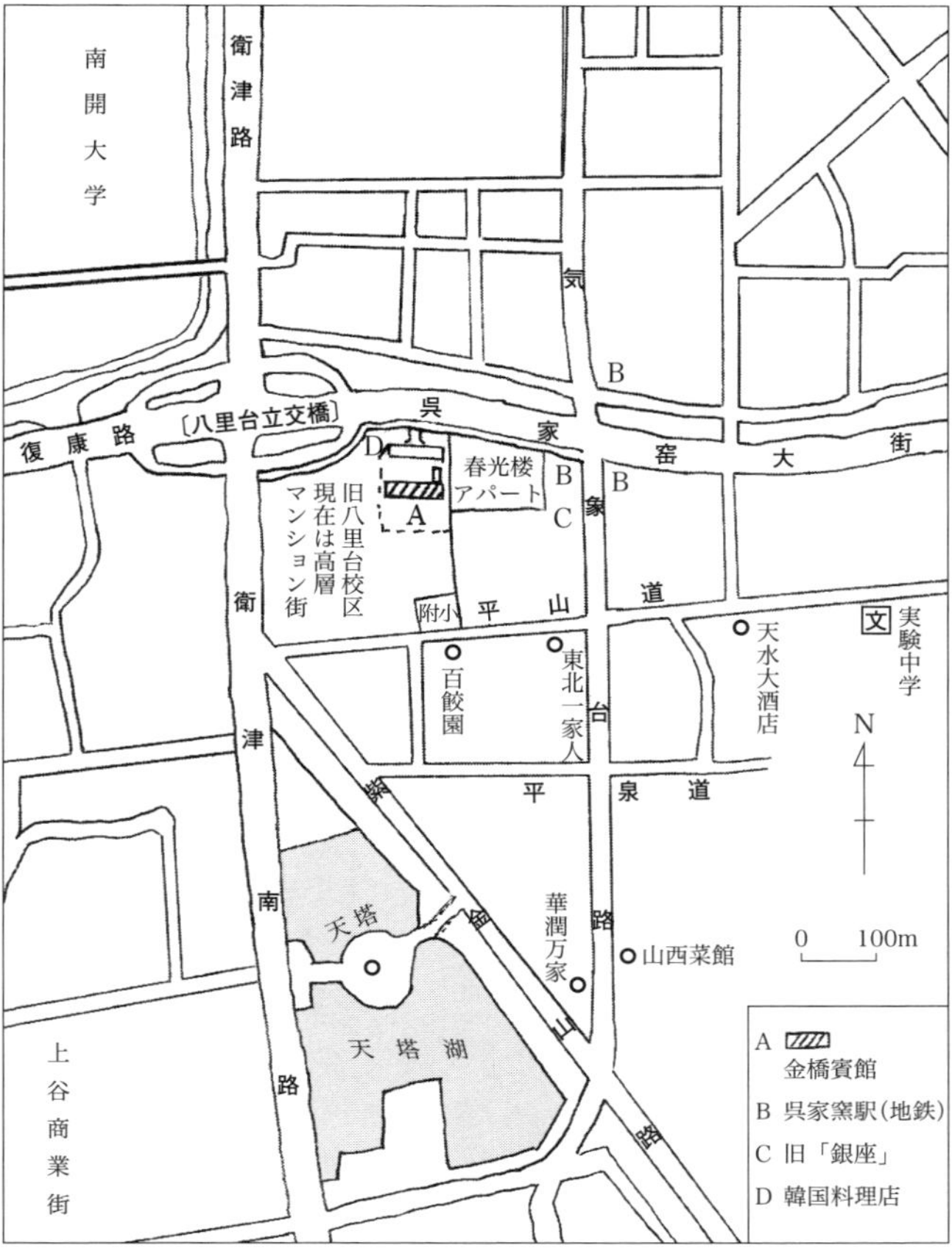
南開大学
衛津路
気象台路
〔八里台立交橋〕
復康路
呉家窑大街
D
A
B
B
B
C
春光楼アパート
旧八里台校区
現在は高層マンション街
附小
平山道
百餃園
東北一家人
天水大酒店
文 実験中学
平泉道
衛津南路
紫金山路
天塔
天塔湖
華潤万家
山西菜館
上谷商業街
N
0 100m
A 金橋賓館
B 呉家窯駅（地鉄）
C 旧「銀座」
D 韓国料理店

八里台周辺図

天塔

正式名は「天津広播電視塔」（天津テレビ塔）。高さ四一五メートルの電波塔で、一九九一年に建てられた。途中二五〇メートルくらいに展望台がある。水上公園正門から東へ三〇〇メートルほどの湖水の中にすくと立っている。

六　天津名物など

天津朝食

天津の朝食は、鍋巴菜《クオパーツァイ》・豆腐脳《トウフナオ》・煎餅果子《チエンビンクオズ》の三種が有名である。

天津料理

面筋《ミィエンチン》（油揚げのようなもの、煮て食べるのが普通）　面茶《ミィエンチャア》（きびの粉などを糊状に煮た食品、胡麻や塩などを振りかけて食べる）　餛飩《フントゥン》（ワンタン）などが独特。全般的に天津料理はやや塩辛いというのが私の感想。海が近いので、小魚の干したものや揚げもの料理が出るのも特色の一つか。

天津甘栗（小宝栗子）

「天津甘栗」は日本では有名。これは、天津市や河北省で収穫された栗が天津の港から積み出されたところから、天津と栗が結びつけられてできたもの。「小宝栗子《シアオパオリーズ》」は「子宝」に恵まれるという意味から縁起物として贈答に用いられる。

天津快板

ヘラのような竹片を二枚合わせた楽器である。カタカタと打ち鳴らしながら、語りを聞かせたりする。私は一度「狗不理《コウブリ》」の店で包子《バオズ》を食べながら、その店に所属する芸人が快板を打ち鳴らし、店名の由来を説明するのを聴いたことがある。その声の透明さや語りの調子などに合わせて、小さな竹板で鳴らす音が伴奏のようになって、けっこう気持ちが伸びやかになった記憶がある。

七　八里台での日常生活

居住空間と食生活

賓館の部屋は七階にあり、二〇数平方メートルの広さで、ベッドを二つおいたツインの部屋である。留学生は二人で一部屋をシェアする。バス、洗面所、トイレが部屋にあり、いつでもお湯がでるのがありがたい。他は留学生用の勉強机と丸テーブル一つ、それだけである。私には書籍が多いため書架が貸し与えられた。中国では八〇年代からそうであったが、電力事情が良くないためか、ホテルの部屋は薄暗い。二〇一二年一一月中旬、私は突然、網膜剥離を発症したため日本に帰って手術をしたことがある。半分ほど右の眼の網膜がはがれていたそうであるが、手術で完治した。一カ月くらい日本で療養してから帰任したが、その三カ月くらい後、次の学期には部屋の照明が飛躍的に明るくなったことがある。おそらく留学生から

正面は金橋賓館・左は逸夫楼・右は高層マンション

も苦情が出ていたのだろうし、中国の電力事情が好転してきたことも関係していると思われる。

外国での生活で何が一番大切だと言って、食事が一番であることは言うまでもない。食事には毎日自分の部屋で食べる自炊的なものと外食の二つがある。まず前者からその要点だけをかいつまんで書くことにしよう。

「食生活その一　部屋での食事」

賓館にはもちろん一階にレストランがある。そこで朝昼晩と食事をすればいいのだが、朝はともかく、中華料理の定法に従って一品の量がとてつもなく多い。それに飽いてくるのである。だから日常的に一人で食事をするときは、勢い外で日本料理店か、中華料理店でも麺類などの店を探して摂ることになる。赴任して四、五年は、すぐ近くに「銀座」という日本料理店があり、値段が少し高いけれども味はまあまあで、仲間と一緒に昼も夜もそこで一杯という日が多かった。それ以外には、安い中華・韓国料理店が正門の近くに二軒あり、簡単に済ませることもあった。しかし「銀座」は赴任後四年くらいで遠方へ引っ越してしまい、韓国料理にも飽きて、なんとか賓館のレストランで食べる算段をするようになる。お昼はそのレストランで従業員用のまかない食があり、それをなんとか頼み込んでいくらか払って大体毎日食べるようになった。味は悪くなく野菜も多いので健康には適合的であった。問題は夜である。毎日同僚と食事をするのも何だし、一人で出かけることも週に二度くらいあったが、ほとんどは部屋で食べるようになった。食べるといっても何か料理を作るわけではない。留学生と共用の電子レンジで温めるだけのもので、カレーやスパゲッティーなどである。あるいはそのうちに発見したのだが、日本人が経営する食堂に置いてあるホタテの冷凍品を買ってきてそれを刺身にして食べる。これでお酒があれば最高である。日本から持って行ったイナリ揚げの中に、パックご飯に酢をしてそれを詰めて稲荷寿司を作ったり、寒い時には湯豆腐を作るなど、いろいろと工夫をした。洋酒や日本酒、あるいは白酒などを少しやってからこういう菜やご飯を食べ、時々は市場から買ってきた果物をデザートにする。ここまでやれば独身老人の夕食としては上々であろう。

「食生活その二　常連客としての店」

天津に赴任して最初の頃は、周辺に日本人の知り合いもけっこういたので、夜になるとよく一緒にお酒を飲みに居酒屋へ出かけたものだ。翌日授業がなければカラオケに行ったりして夜遊びをすることが多かった。しかし相棒も女性になったり、日本語指導に熱が入り始めると、賓館の部屋で過ごすことが多くなった。そうすると、食事も部屋で自分で作ったりして、同じ階にある共用の電子レンジを使用して料理をするようになる。だんだん日本料理の食材が必要になり、日本に一時帰国した際には大量に買い込んでくるのだが、日本航空では荷物は二二キロまでのが二個だけだからそう多くはもってこれない。勢い天津で日本食材を探すようになる。そこで目をつけたのが伊勢丹デパートである。地下鉄ができてからというもの、八里台の呉家窑駅から営口道駅まで二駅、約五分。営口道駅と伊勢丹百貨店は地下道でつながっているので便利。その地下の食品フロアーには、韓国料理の食材もあるが、日本料理のものも多い。納豆、豆腐、うどん麺などなど。ただ少し値段が高い嫌いがあるのだが。

しかし伊勢丹によく行ったのは、食材探しもあったが、「トンカツの和幸」が七階にあったからである。ロースカツ定食は七〇元。ちょっと高いけれどキャベツの千切りが食べ放題で、ご飯やシジミの味噌汁が何杯でもお代わりできるのがいい。もう一軒「板特」という少し高級の日本料理店があり、店長が野球部の仲間だったから、お金ができるとよく行った。そこで刺身はもちろんだが、少し暑くなってくると「冷やし中華」を出してくれるので、これもよく食べた。中国人には冷菜と見なされて嫌われるからだろうか、日本料理屋でないとほとんど食べられないのである。その他には「丸亀製麺」の店が伊勢丹デパートの地下にある。ここも結構繁盛していた。大体四〇~五〇元でいちおう満足するので値段が手頃だからだろう。

それからよく行ったのは、カレーの「ココ壱番屋」である。濱江道の入り口にある天津では有名なデパート「楽賓百貨」の七階にあった。あるときいつもの席に座ると、隣でいかにも中国へ来たばかりという感じでたどたどしく注文しているまだ若い男性を見かけた。思わず声をかけた所、なんと三重県の会社から一週間前に来たばかりで、という話。ついつい懐かしさと親切心が出て、後悔したのだが、名刺まで渡してもし何かあったら電話して下さい、とまで言ってしまったのである。その人からはその後一切連絡がなかったから、おそらく詐欺師の可能性を疑われたのかもしれない。ココ壱番屋は、日本人にとって一人で食事する際の入りやすい店の筆頭であろう。

外食で忘れられないのは、火鍋、つまりシャブシャブである。天津で私が一番好きになったもの。いろいろな火鍋屋に行ったが、しょっちゅう利用したのが紅旗南路駅近くにある「羊名《ヤンミン》天下《ティエンシア》」（「揚名天下」のもじり。まもなく閉店）や「小肥羊《シアオフェイヤン》」である。おいしいと人気があるのは、伊勢丹の向かい側にある「海底捞《ハイティラオ》」という店だが、自分は小肥羊の方が好きで、かつて同僚だった姜征さんと月に一度は白酒をやりながらつつき合った。日本では羊肉をほとんど食べないが、中国の羊肉は臭くなく、牛・豚もお好みで付け加える。他に海鮮もあり、野菜やその他の鍋の具材がたっぷり入ったのを、私は胡麻ダレで食べるのを最上とした。これを食べると、冬でも夏でもしばらく元気で過ごすことができるのである。

居酒屋なる中国語は「酒館」である。中国式喫茶店は「茶館」であるから、飲むものに「館」をつければいいのかもしれない。とすれば「咖啡館」はあるか。ある。「咖啡厅」「咖啡店」「咖啡屋」とも言うようだ。ちなみに天津では「スターバックス」が席捲しており、少し高いが、若い人に人気がある。一九八〇年代のコーヒーは飲めたものではなかったし、中国人でコーヒーを好む人も少なかったが、現在ではコーヒー好きも非常に増えた。こういうところにも中国の経済的な発展というか現代化があらわれている。

話を居酒屋に戻す。居酒屋というのは日本独特なもので、中国にはぴったりな居酒屋は多くないように思われるだろう。ところが天津の繁華街には日本式居酒屋がけっこうあった。私がひいきにしていたのは、濱江道の近くの山西路にある「御徒町」という名の中国人経営の居酒屋で、なんでも経営者は東京の御徒町の料理店で修行をしてきたそうな。この店の近くには「亀戸」なる店もあったから、この店の経営者も東京で修行してきたのだろう。これら以外にも実に多くの日本料理店が天津にはある。日本人の多さとあわせて、海港地である天津の人々には海鮮を扱う日本料理を好む人が多いからかもしれない。経営者は日本人もいれば中国人もいる。中国人の方が多いであろう。他にときどき行った店で印象的だったのが、いずれも日本人経営の「和助」とか「うち田」である。前者はタクシーで行く先を言うとき「友誼路《ヨウイール》酒吧街《チウパーチエ》」と言いやすい場所にあり、いつも日本人で満席だった。後者は時代奥城という韓国人が多い地域にあり、日本式の本格的な蕎麦を食べさせてくれるので、お蕎麦屋さんと言った方が適当かもしれない。

こういう風に書くときりがない。しかし学生や同僚とちょっと一杯、ちょっと一緒に食事を、という場合、必ず使ったのが、八里台の領域に属する「東北一家人」で、東北地域の料理を食べさせてくれるし、値段が比較的安い。それから私の滞在後半期によく行ったのは「山西菜館」で、いつも買い物をするスーパー「華潤万家（旧「家世界」）」の向かいにあった。山西省出身の学生や教師が多かったこともあり、コンパや会食をよくした。ここは山西地方の多種類の麺類が食えるので「メン食い」の私にはなくてはならない店になったのである。特に〈油泼面《ヨーポーミエン》〉はかつて西安郊外で食べたそれを思い出させてくれたし、〈刀削面《タオシアオミエン》〉もまずまずだった。

「食生活その三　高級料理店」

ここに挙げるのは、値段が高いので私など滅多に行けない店ばかり、天津では有名な店も多く、予約をしないとすぐには食べられない店もある。列挙すると、①「百餃園」（たくさんの種類の餃子を食べさせ、八里台にも店がある。白菜と豚・蟹味噌の餡のが旨い）②「正陽春（平和路店・賓悦橋店）」（毛沢東が訪れたという店で、北京ダックも食べられる）③「狗不理」（〈包子〉〈肉饅を小さくしたもの〉を食べさせる全国に知れ渡っている清朝時代以来の店。濱江道に本店がある）④五大道のレストラン（これはすでに触れた）⑤日本人経営の鉄板焼き屋（慶王府の前にある「蔵」という、三重県松阪出身のご主人と天津市出身の奥さん二人で経営の肉や魚介類などを焼く店）⑥「上海年代」（私の最も好きな上海料理店、店が綺麗で味がいい）⑦成都道近辺の「和楽」「松川」「久喜」、時代奥城の「花和」などの日本料理店。

日常生活のあれこれ

〈水〉水はご存じのように、上水道でも飲用水に向かない。食事やお茶などはどうするかというと、中国では寮や宿泊施設には必ず給湯室がある。学生は皆ポットを持ってお湯を汲みに部屋から出かけるのが日課となっている。中国語では、〈开水《カイシュイ》〉〈热水《ルーシュイ》〉〈温水《ウエンシュイ》〉〈冰水《ビンシュイ》〉などの別がある。頭から「熱湯」「熱いお湯」「ぬるま湯」「冷水」の意味である。給湯室へは「熱湯」をもらいに行くのである。私もよくお茶などを飲むので、しょっちゅう熱湯をもらいに行った。また、一リットルで四元くらいだったが、賓館の売店で水を買ってきて、そのまま飲んだり、湯沸かしポットで沸かして、コーヒーを入れたり、即席麺を食べたりするのである。部屋にある水道水は、少し白濁しており、果物や顔を洗ったり歯を磨いたりする分には問題はないが、そのまま飲むと恐らく腹痛などを起こすであろう。そういう冒険はしなかったが。なお、天津の気候は乾燥しているので水分補給が欠かせない。いつもペットボトルや水筒を持ち歩いて、少しづつ水分補給することが大切である。

〈床屋〉散髪屋さんは最初はひどく困惑した。言葉が通じないので、細かな指示ができない。適当に短くやってもらいたい、といった調子で、短すぎて困ったこともあった。そのうち出かける前に辞書を引いて表現を覚え、かなり満足する状態に近づいたこともある。私の行っていた床屋は、下町というか路地の中にある若い夫婦でパーマ屋さんも一緒の店であったから、待っている間おかみさんたちのすさまじい会話を聞いてほとんど分からなかったが、雰囲気はなんとなくで、中国語の勉強になったこともある。ここで私は中国と日本の違いを一つ発見した思いになった。

中国では別の少し高い床屋にも入ったが、そこでも同じように、剃髪をしないのである。オプションにもなさそうなのである。洗髪はやる。しかし刃物を自分の顔に向けさせるほど中国人は人を信用していないのではないか、と私は感じたのである。日本ではほとんどが顔を剃ってもらう。中国には「剃髪屋」というものが別にあるのかもしれない。まあしかしこれは今後の課題としておくとして、そこの主人とはずいぶん親しくなった。あるとき、その店は三〇元の料金なのだが、百元札を出したけれど、朝一番だったので釣り銭がないという。私に隣の店でくずしてもらってこい、と言う。私が、そんなぁ、という顔をしていると、それでは次の時でいい、と言ってくれた。私は謝謝と言って別れ、一時帰国の後、天津に着いてすぐ訪問し、お土産を渡して三〇元を支払ったのである。彼と奥さんは大いに喜んでくれて、それ以降は待っていると話しかけてきたりして、会話の勉強になった。いろいろなことを訊かれたが、給料はいくらだというので、ありのままを話すと、それは安すぎる、と言って憤慨してくれたりした。それに心なしか調髪や洗髪の際には少し丁寧になったような気がする。

〈昼寝の効用〉師範大学新校区の朝は早い。朝八時に一時間目を開始、二時間目が終わるのは一一時半。学生は競争するかのように食堂へ群がる。少しでも早く食べ終わり、宿舎に戻って昼寝をするためだ。午後は二時に開始する。約二時間半はお昼休みである。天津の学生が三重大に留学した当初、一番つらいのは昼寝の時間がないことだと、口々に言う。それもそうだろう。三重大では一二時に授業を終わり、一時から開始するのだから、たった一時間しか休息時間はない。先生に質問していたり、友達と何か用があれば、昼飯を食べる時間もままならなくなる。

中国で昼寝の時間が設定されている理由は、中国人が怠け者であるということではもちろんない。私が思うに、日本に比べて中国の自然や環境が人間の身体に厳しいので、どうしても早朝に起きた身体に少し休息を与えなければならない、という理由からだ。あるいはこうも考えられる。学校などの学習の場でも、農場や工事現場などの肉体労働の場でも、会社や商店での営業の場でも、昼食後はゆっくりと一定時間の休養を与えないと、午後からの仕事の能率が大幅に落ちる、ということを経験的に知っている人たちこそが、お昼休みを大切に過ごすのであると。日本でも昔は、農家の人々が、特に暑熱の時などには三時頃まで木陰で横になって休んでいる姿をよく見かけたものだ。

私も日本にいた時、午後に講義や会議がない場合、昼寝を少ししてから研究や授業の準備をする習慣を有していた。だから、中国の昼寝の習慣にはぴったりはまり、大体三〇分くらい、部屋で睡眠をとると、その後は頭がすっきりして、授業をするにも好都合なのである。八里台で午後の授業があるときは、一〇分くらい前に教室へ出向くと、学生たちはまだ全員机にうつぶせになったり、椅子を連ねて横になったりして、昼寝をしているのが常であった。

あるとき、三重大から集中講義の先生が来て、その先生と夕食を摂っていて昼寝の話になった。先生は、三重大の午後の講義では学生がよく居眠りをしており、ひどいときは身体を机の上にかぶせて寝ている奴がいる、とやや憤慨気味で、それに比べて中国の学生は全員顔をこちらに向けていて感心、感心、と天津の学生を褒めている。私は、三重大での一時間目の講義開始を八時にしたら昼寝の時間がとれますよ、早起きは三文の得というじゃぁありませんか、と言ったら、その先生はまさにそうですね、日本に戻ったら周りの人に提案してみましょうかね、と同意してくれたのである。しかしどうだろう。日本のようにせわしなく働かないと取り残される怖れを感じる人の多い国柄では、とてものんびりと昼寝などはしておれないだろうな、とその時も思ったのである。

太極拳を習う

二〇〇九年春に天津に赴任して、ようやく落ち着いたころ、運動が不足しているので何とか体を動かすことができないか、と思案していた。ある時、珍しく早朝にキャンパスを散歩したことがある。そうすると、正門から少し入ったところで、太極拳の練習をしている一団を目にした。さっそく指導者らしき人に、自分もこれに参加できないか、と頼んでみたところ、快諾してくれた。晴天であれば毎朝六時半頃から開始である。疲れている場合は時々さぼったが、かなり精勤した。指導の壮年の男性（名前は失念した）は、おそらくは陳氏派太極拳の会員で一般の人に指導する資格を得ていた人であったろう。自己犠牲もいとわない風で、我々一般市民への指導に実に熱心だったし、報酬も求めようとしなかった。あるとき私が日本から戻ってお土産を手渡そうとしたところ、即座に強い口調で断られたことがある。メンバーは一〇人くらい。こういうグループはあちらこちらにあるようで、言ってみれば徳島の阿波踊りの「連」に当たるのではなかろうか。郵便局に勤めている若い女性、師範大学の英語の教師だった老婦人、八里台の近くに住んでいた気さくなおばさんなどなど、一人きりの日本の老人に親切に接してくれた。しかし二〇一〇年二月末に一時帰国のため二カ月ほどのブランクをおいて水上公園に練習場を移したグループを捜し当てて参加しようとしたところ、メンバーとはもうずいぶんと差がついて、剣を持っておこなう練習段階に入っており、また少し練習場が遠くなって授業時間に間に合うにはきつくなったこともあり、次第に足が遠のくようになって、結局退会したような格好になってしまったのである。体を動かすチャンスを失って、どうも調子が思わしくない状態が続いていた。

野球を楽しむ―ＴＪＢＣのこと

二〇一〇年四月一八日の日曜日、私は早朝から続けていた明日の授業の準備、朱入れ作業に飽きて、八里台キャンパスを散歩していた。グランドの近くまで来ると、社会人らしき日本人が野球をやっているのを目にした。天津に来てから野球なんて観たことがなかったから、何かしら心が躍り、体がうずうずしてくるのを感じた。その日はいつも使っているグランドが使用できなくなったために八里台キャンパスのグランドを臨時に借りて練習していたことがその後分かったのだが、とにかくグランド内に入って監督らしき人を見つけ、私も野球をやりたいのだがこんな年齢の者でも可能だろうか、と訊いてみた。監督は、いいですよ！と快く応じてくれたのである。ちょっとキャッチボールをしましょう、とも言ってくれて、私は何年ぶりかで軟式の球を握り、小学生が初めてやるように、一生懸命監督の胸をめがけて何球か投げてみた。球は大きくそれ、監督は背伸びをしたり、両サイドに足を送って私の球を捕球してくれた。次回から参加させてもらいたい、と言い、このグランドで来週も午前九時に開始しますから、という返事をもらい、勇んでホテルに戻った、ということが今更のように思い出される。

ＴＪＢＣについては、天津の日本人向けの無料の月刊情報誌というかタウン誌、私の手元にあるものでも、『Whenever』『JIN MAGAZINE 日本語版』『TOMO 友』などがあるが、それらに野球部その他の同好会の紹介がほぼ毎号出ていて、野球部の欄には以下のような「勧誘」文が掲載されている。

「ＴＪＢＣ（TIANJIN JAPAN BASEBALL CLUB）Phoenix

唐山チームとの合影

は、野球をこよなく愛する日本人駐在員により、二〇〇六年に設立された野球チームです。設立以来、日曜の午前中を中心に、毎週練習や試合にと白球を追い掛けております。メンバーは、元高校球児から野球未経験者までと幅広く（最高齢は六六歳で現役バリバリ）、野球のレベルに関係なく、何方でも安心して野球を楽しめるクラブです。また毎年、日中韓のチームが参加するリーグ戦にも参戦しており、野球を通して海外の仲間との交流も盛んです。私達は一人でも多くの方と、野球の楽しさを共有したいと考えております。あなたの中に秘められている野球小僧の心を今一度白球を追いかける事で熱く燃え上がらせてみませんか」

このTJBCを創立した中心人物は、北口茂一という方で、天津北口電子の経営者であった。二〇〇六年に仲間と天津で野球クラブを創立し、監督として活躍された。しかし、残念なことに、二〇一二年一〇月に逝去された。二〇一一年三月に病を押して天津のグランドにおいでになり、私も一緒にキャッチボールをした。その直後にメンバーにメ·ールを発信してその喜びを綴ってくれたのである。いまそれをここに紹介したい。

《天津　再来によせまして。
最悪の病に冒されまして、私、意気はもちろん、生きるイチルの望みもなく、昨年の暮れより治療しておりましたが、病院関係、家族、いろんな人に助けられ、中国、天津の地に、足を踏んづけています。

六日のグランドで出会いました折、皆の顔を見て、グランドを整備しながら、目頭が熱くなりました。わしは、なんちゅう幸せな男やろと。

いつか名前を決めるときに　フェニックス　ふーん　と思っていましたが、そのまま、わしの座右銘になりました。不死鳥!野球は一番やね。そしてTJBCのメンバーは最高やね。

明日、帰国します。毎月一回の検診は怖いけど、再発、転移、がないと思いますので、これまで通り　一月に一度の割合で天津に来ます。代表とは名ばかりで何も出来ませんが、これからも宜しくお願いします。

我々、TJBCのメンバーは天津での野球を通じて、異国の地での人間形成、人の和を構築し、野球以外でも交流を深め、助け合い、日本に帰国した後でも交流を継続し、天津と同様の気持ちで接するものにしていってください。二〇一一年三月九日》

当時の監督であった澤野普稔さんは、「僕は創立時のメンバーであり、二代目キャプテンを任されながら、この時のメールで初めてTJBCのメンバーである意味を教えられた気がしました。」と言っている。このようなTJBCのチームスピリットは、私が所属していた約六年余り、いろいろなところで発揮された。二〇一二年九月の反日デモの時には、お互いの安全を確認し合い、デモ隊が通過した地域に住んでいる人からの情報提供がメールでなされたり、北京に出張で出かけた人からも克明に情勢が伝えられた。二〇一五年八月一二日、濱海新区の倉庫爆発事故の際には、近くに会社や工場があるメンバーには安否を問う、あるいは見舞いのメールが行き交った。メンバーはいろいろな業種の派遣員がほとんどであったが、仕事に関わることや家庭生活のあれこれに至るまで、必要であれば常に情報交換したり相互扶助を行っていたのである。また私が一時帰国で名古屋に滞在していたとき、すでに本帰国していたメンバーからのお誘いで食事会に参加して旧交を温めたりもした。まさしく北口代表の願いをメンバーは忘れず、本帰国後もそれを実現しようとしていたのである。〔おやっさん杯〕という懇親野球の会が二〇一三年一〇月五・六日の両日、播磨中央公園野球場で行われた。関係者が集まり、〈おやっさん〉こと北口茂一氏を偲ぶ会を催したのも、むべなるかなである。

ＴＪＢＣは、だいたい三〇名くらいのメンバーを擁しており、中国の他の都市に結成された野球チームと交流試合を行った。北から言えば、大連・唐山・北京・上海・蘇州・広州などなど、日本の企業が進出している主要な都市に結成されたチームとである。毎年夏には、大陸王座戦と称して、諸都市の日本人チームと上海や広州において覇を争ったのである。また近くの大連・北京・唐山のチームともよく交流練習試合を行い、試合終了後は会食して情報交換を行い親睦を深めた。

日本人チームのみならず、中国や韓国のとも交流試合が行われた。私も参加して対戦したのは天津市の航空大学や医科大学などの大学生チーム、あるいは区を単位にして結成されている、例えば西青区チームなど、強豪チームがいくつかあった。天津市内のチームによるリーグ戦も開催されたりして、大いに友好の実をあげたのである。

練習や試合は、私の知る限りでは、環湖中路にある〈道奇棒球場（ドジャース球場）〈道奇はダオチーと発音して、アメリカのドジャースを表す〉〉のサブグラウンド（そののち本球場に移動）や〈復康路《フーカンルー》〉のテニスコート裏にある天津ライオンズのホームグラウンドで行われた。怪我で仕事に差し障りのないように、ストレッチや柔軟体操に相当時間をかけていたのが印象的であった。

心に残るチームメイトとしては、監督を務めてノックのうまかった澤野さん、エースで名キャプテンの藤岡譲、口八丁手八丁の堀晃輔、みんなを元気づけるヤジ将軍の齋藤二朗、膝痛でも頑張っていた尾崎益樹、前島勇嗣と松本敏夫のクセ球を投げる両左腕、三塁を死守していた亀田一成、理論家肌の河野龍夫、好守巧打の露谷和弥、篤実な人柄の松村健、初心者からスラッガーに成長した栗田亮、トライアスロンもやる小島淳、小柄だがピリッとした守備の佐々木隆治、一番センターのイケメン松野卓、私とセカンドのポジションを争った塚本健二、仕事と同じくらい野球が大事な三代目監督高市基史、他にも高橋裕幸、迫水智史、宮本啓助、星野翔太といった若くてイキのいいのもたくさんいた。そういえば天津日本人学校の先生でマネージャーの原未来さんや、お父さんと一緒に参加し中学生で中国人チームを完封した早瀬優太君もいたっけ。でもみんな一流の「野球小僧」であり、MLBや日本のプロ野球、また高校野球については俺に任せておけ、というような「通」も何人もいた。野球の技量はまちまちで、甲子園を目指していた猛者から、天津で初めて軟式ボールを握るという御仁まで多彩。上手な者は特に若い初心者に丁寧に教えたりして、半年たてば立派なプレイヤーに成長していったのである。若いと言えば、愛知大学の現代中国学部が南開大学へ研修で毎年多くの学生を派遣している。その中にはTJBCのことを知って入会してくる愛知大生もいた。

先に紹介した勧誘の文章に「最高齢は六六歳で現役バリバリ」とあったのは、実は背番号六六の私のことである。メンバーの私に対するいたわりの情はそれはそれは厚いもので、あるとき私は眼が見えにくくなったため退部を申し出たのであるが、練習や試合への参加をいつでも好きなときにと認めてくれ、その後も膝を悪くして時々しか練習へ行けなくなっても、いつも温かく迎えてくれた。七二歳で天津から本帰国するまで仲間としてつき合い、送別会まで開いて名残を惜しんでくれた。私にとって、日本人と話ができ、体を動かす唯一の場であったから、そうしたメンバーの親切は本当にありがたいものであった。メンバーの中には、「焼極的」という名のお好み焼屋を営んでいる中島智や、「鳥内会」なる焼き鳥専門店の主人である辻雄介もいて、コンパをやるときの会場には困らないのである。

私自身、小学校から大学まで野球部に所属し、最初に赴任した愛媛大学では早朝野球リーグ、三重大学でも機会あるごとに部局対抗軟式野球大会に参加し、理事の時ソフトボールの試合に学長を引っ張り出して事務局対抗戦を企画するなど、野球を趣味の中心とする人生を歩んできた。そういう私も、六四歳で天津に渡ったときにはさすがにもう野球とはおさらばだと思い込んでいた。ところがどっこい、野球とはそうやすやすとは縁が切れなかったのである。七〇代の歳まで、しかも異国で野球ができるとは思いもよらなかった。野球の神様の粋な計らいにただただ感謝あるのみである。おかげで天津では風邪も引かない健康な体調を維持できたし、多くの仲間との友誼によって、精神的にも孤独で寂しい生活を余儀なくされることもなかったのである。

在学生・卒業生との交流

私が関わった学生は、一期生から八期生まで、定員二〇名でざっと一六〇名。天津から帰国した今でも、メールなどで連絡し合っている在学生・卒業生もけっこういる。大体それぞれのクラスには、一期生はまだ本格的に教えていなかったからそうではないが、老人のお世話をし

三期生天津在住者と会食

てくれる「秘書」のような女子学生が複数いて、資料の作成作業やクラスメートへの連絡、個人的な買い物その他でずいぶん助かった。こちらもお礼したい気持ちがあるから、一緒に食事をしておごったりすることもあった。そういう学生は成績が良く、特に会話がうまかった。それは日本人教師と常に会話の授業をしているようなものだからである。こちらも片言の中国語をしゃべり、それなりに語学研修もできた。卒業したけれども今でも連絡があるのは、そういう学生に多い。まだ天津にいるとき、クラスメート同士で訪問し合う旅行に私も参加させてもらって、広州・澳門・香港を訪ねたこともある。私一人ではとても行けないところだったから、本当にありがたかった。また、私の知人を訪ねて上海に行ったときなどは、上海で働いている卒業生が二人も来てくれて、彼氏を帯同して皆で食事を共にしたこともある。まこと中国は「老師（先生）」が大事にされる国柄なのである。

男子学生は、非常に少なく、一期は二人、二期は一人、三期・四期は二人、五期は三人、六期は六人、七期は三人、八期は四人で、計二三名。全体で約一五パーセントである。男子学生諸君とは時々近くのレストラン「東北一家人」などで酒盛りをした。酒盛りと言えば、集中講義の先生が来られたときは学生主催の歓迎会が開催され、我々教員スタッフも招かれる。そういう時には男子学生諸君が、「飲料」と言うアルコールやジュース類をスーパーなどで安く仕入れてくる。中国の飲食店ではアルコールなどの「飲料」は基本的に持ち込み可である。日本から来た先生方はいつも驚いておられる。私なども最初はびっくりしたが、そのうち自分がもらった白酒を一本下げてコンパに臨むことが慣例となった。男子学生諸君とは白酒（三八〜五四度位の各種）を飲りながら中華料理をつつくのだが、そういう時には男子顔負けの飛び抜けて強い女子学生が一クラスには必ず一人や二人はいたものである。

コンパと言えば、学生諸君が誕生日にレストランへ私を連れて行き、紙で作ったクラウンを私にかぶせ、ケーキを買ってきて祝ってくれるというのがあった。少し照れくさいのだが、学生諸君の好意は受けないわけにはいかない。そういう時は中国式で、丼の中には一本しかないながーい麺を食べる。もちろん長寿を願ってのことだ。これも感謝、感謝である。

日本人留学生との交流

天津師範大学には日本人の語学留学生もたくさんいた。本科生や短期留学などいろいろなコースに所属し、八里台の宿舎や賓館に最初の二年くらいは一緒に住んでいた。会社から派遣された人とか、日本の大学を休学してきている人、また自分から進んで大陸で仕事をするためにと言う人など、いろいろな志望や目的を持った若者たちである。伊藤彰男先生と私とで、日本人留学生との会食会によく参加した。その中の親しくなった人で大連や上海にそののち勤めた人もある。こういう日本人留学生とつき合うのは、私たち老人ばかりではなく、我が三重日語班の学生たちも若い者同士で日本人留学生と親しくなるのである。その目的はお互い上達するよう、一定時間を決めて日本語と中国語を使っての会話練習をおこなうためである。こういう学習の形態は、実は別種の日本人とも有った。天津に進出した日本企業に勤務する会社員で家族を帯同してきている人の奥さん達が、師範大の金橋賓館で開催されている中国語講習会に参加している。午前中で講習会が終わるのであるが、同じように午後時間のある学生と約束して、あるいは土日を利用してお互いの言語を学び合う時間を作る、というやり方である。二期生の諸君は、三重大へ留学する直前まで八里台に居住していたから、日本人留学生はもとより、日本企業社員の奥様方とも日中交流の時間を豊富に持つことが可能であった。この点、三期生以降は後述のように、新校区へ移住しなければならなくなったから、日本語能力を磨く貴重な時間が失われるという不運に見舞われたと言わざるを得ないのである。

天津・北京の「三重」関係者

天津には、三重県人会なる組織がある。私が初めて参加した頃の会長は下田好光氏で、食品会社の総経理であった。日本の新聞を日語資料として提供くださった天津神鋼電機の杉本俊哉さん。八里台近くで日本料理店を経営し、天津在住の長い角山照雄さん。三重大学学芸学部卒で四日市市の中学校の校長を退職後、中国で日本語を教えるために天津にやってきていた岡興三さん。三重県伊勢市に本社のある「万寿家」の派遣員の古山順啓、坂本裕也のお二人（農学部・生物資源学部）などなど三重大卒業生を含めた多くの方々から天津での生活について懇切に教えていただいた。なお、天津にはもちろん「日本人会」があり、いろいろな催しをおこなっていたと思うが、私自身は参加しなかった。従って天津にどんな日本人がいるのか、何人くらい在住しているのかも知らずに終わったのである。

また、三重県に本社のある井村屋グループは中国に手広く事業を展開していたが、天津濱江道伊勢丹店にも「アンナ・ミラーズ（安娜美楽）」というケーキの販売店を開業した。濱海新区伊勢丹店の山本栄一郎さんや、濱江道伊勢丹店設立責任者の鼎正教さんなどから日本語ができる学生アルバイトの紹介を頼まれ、四期生の学生たちに知らせて希望者に面接を受けさせ、

三重大学北京・天津 OB 会

六名ほど採用されたということがあった。口入れ屋のような事もしていたのである。時給がかなり高くなっていた頃で、学生たちは喜んでいた。辛党ではあるが、時々はひやかしにソフトクリームをなめながら学生たちと話をするのも私にとって楽しみの一つではあった。ただ「アンナ・ミラーズ」そのものは、その後撤退したと聞いている。

先に述べたように、私が三重大の副学長で理事をしていたとき、評価の仕事が主であったが、それ以外の大きな仕事として「三重大学全学同窓会」の設立があった。同窓会は各学部ごとに並立していて、連合の組織がなかった。私の発案で、全学同窓会を作り、法人化した三重大学の発展に卒業生の力を貸してもらうと同時に、卒業生が海外へ進出する今の時代に、三重大卒業生が相互扶助するための組織として全学同窓会が活用されるようになればいい、と考えたのである。全学同窓会設立までにはいろいろとあったが、私の理事在任中に何とか形ができあがった。

私が天津に赴任した頃には、中国に住み仕事をしている日本人・中国人双方の三重大卒業生の方々がすでに北京や上海で同窓会を適宜開いていたのである。その中で最も積極的な活動をしていたのは、工学部電気工学科の第一期卒業生で、北京で陸通印刷という会社を興し董事長（取締役代表）をしていた越智博通さんだった。越智さんの三重大のためならという心情は侠気そのもので、毎年二回北京と天津の同窓生の集まりを主催し、時には上海の同窓組織と共催して、内田淳正学長、朴恵淑副学長を上海に招いて、中国全土の同窓生に呼びかけて集まってもらったこともあるほどである。

私は天津赴任より前に越智さんと知り合い、全学同窓会中国支部設立についての協力を依頼したりして、大いにその力に助けられたのである。だから天津赴任以降、北京開催の同窓会には体調不良とか、やむを得ざる用事以外は、ほとんど出席した。その時には案内役も兼ねて、学生を帯同することもあった。というのは、北京行きの新幹線に乗る際には、切符の入手がまず面倒で、荷物検査（天津駅までの地下鉄も同じで、テロの警戒）があり、パスポート提示の改札、北京へ降りてからまた地下鉄に乗る際の荷物検査など、私のような老体にはこたえるのである。単に階段の上り下りや平行移動の距離の長さのみならず、長い行列の後の切符を買う際の緊張感などで精神的に参ってしまう。押し合いへし合いの北京駅で地下鉄の切符を買おうとして、モタモタしていると、後ろから大声で督促されて焦ったりしたこともある。本帰国寸前の昨年六月の同窓会は最後だったからもちろん出かけたが、やはり七二歳の老人にはこたえる一日であった。

北京の同窓会には、毎回十数名の会員が集まる。越智さんが北京に詳しいから、いろいろなレストランをご存じで、そのためおいしい中華料理を堪能することができた。古参の中国人会員ももちろん多数いるが、日本人としては、浅井謙之助（農学部）・河野幸一郎（工学部）・松尾健（工学部）・坂本裕也（生物資源）といった方々がいつも参加したし、私の相棒だった伊藤彰男・手塚和男・大坪慶之・山田康彦・内田秀昭・川本光子の諸先生ともご一緒したことがある。

III

八里台老人の日本語指導

一　学生の観た外国人教師

この章では、私の天津師範大学における日本語指導について回想したいのだが、その前に、日常の学生指導などに触れていて、私の天津滞在の意図もよく理解してくれている文章があるので、ぜひ読者にもご一読いただきたいのである。それは、〈外教《ワイチアオ》（外国人教師）〉に関する全国作文コンクールで最優秀に選ばれ、『国際人材交流』二〇一三年第二期に掲載された合作弁学日語実験班三期生の王禹霄《おううしょう》さんの中国語の文章「八里台老人」である。以下は家の者に読ませるために私が翻訳したものである。

《私たちの大学の旧キャンパスは天津市の八里台にあり、このあたりには天津の有名な大学が集まっている。外国人留学生や私たちは、この八里台キャンパスで授業を受けることが多い。私が外国人と深くつき合うことになったのは、ここ八里台でだった。とりわけ忘れがたいのは、やはりあの〝八里台老人〟、私たちの外国人日本語教師、東　晋次先生である。

二〇一一年三月、私たちがまだ日本語を習い始めて半年しか経っていない頃、彼は私たちの聴解を担当することになった。中国人なら誰だって、初めて外国人に会うことになれば、ついついどんな人かと好奇心をもって想像すると思うが、我々同級生の間でも、この新外国人教員の外見、性格、うまくつき合っていけるかどうかについて侃々諤々の議論をしていると、彼が教室に入ってきて、私たちの目に触れた。

それは一人の老人であった。髪は真っ白、細縁の眼鏡をかけ、額のしわは彼の経てきた人生の幾星霜を物語っていた。ただ彼は単なる老人らしくはなく、パリッとした白いシャツと薄いグレーのチョッキを着け、黒い革靴もよごれ一つない。歩き方も敏捷で少年みたいだ。彼は教壇に立ち、振り向いて黒板に自分の名前を書き、こなれた中国語で「皆さんこんにちは。私は東晋次と申します。中国がとても好きです。」と我々に言った。

その後だんだんと分かってきたことだが、東先生は今では六八歳の高齢で、なんでも日本の或る国立大学の副学長を務め、功成り名遂げて退休し、もう自宅でお酒をたしなみ、著作にいそしみ、休養して天寿を全うしてもよいはずであった。ところが、私たちも参加している日中合作弁学プログラムを早急に軌道に乗せるため、妻子と離れ、単身中国にやってきて教鞭を執り始めたのである。それからもう六年になるという。

東先生は東漢史（中国古代の後漢時代史）に精通し、とりわけ歴史上の人物である王莽（前漢末の政治家で「新」王朝を樹立）の研究では、その成果は何人かの中国人学者を凌駕しており、大家とも言うべき人である。中国の古典に対する読解力という点でも、先生は我々中国人に比べてずっと深い。こういうことは外国人にとって実に容易なことではないのである。

もっぱら聴解を教えると言っても、東先生の授業は聴解だけの単調なものであったためしはない。多くの場合、先生は一つの語句の意味から説き起こし、それらから敷衍しつつ、あらゆる日本文化の相貌に及ぶ。例えば、北海道の雪祭りの楽しさ、成人式での晴れやかな着飾りの賑やかさなどなど。教科書上のなじみのない語句も、先生がご自分の経験を通して我々に一つ一つ眼に見えるように呈示して下さり、そのすばらしさは思わず手を拍って「好！」と叫ばずにはいられないほどのものであった。

東先生の事務室はさながら小型の図書館といってよいほどで、まわりの壁にはすべて書架が備えられ、日本語の書籍や映像資料が満載されている。その中には朝日新聞や、先生が自分で録音したＮＨＫニュースの録音テープも含まれている。これらの膨大な資料は、もし整理してゆきとどいたリストにしようとしても、並大抵のことではない。それを、先生はやり遂げてしまう。約二二〇〇冊の図書の書名を一つ一つコンピューターに打ち込み、五十音で排列し、我々の検索が便利になるようにして下さったのである。

授業が終わり事務室の前を通りかかることがあると、書架を眺めることが私たちの習慣となっていた。ずらりと並べられた書籍が静かに私たちの閲覧を待ち受けている。そしてこの整理整頓の背後には、老人の心血が注がれているのだ。先生がいちばん嬉しそうにするのは、授業後、我々が大挙して事務室に入り込み、書籍を借り出す時で、先生は多忙な仕事の手を休めて、我々に話をしたり指導をして下さるのが常であった。どのような小説がその時代の古典的なものと言えるのか、どのような論説が一つの時代の先端を切り開いたのか、などなど。また、書物を返却する際には、先生はいつも私たちに感想を求め、私たちがしどろもどろに手真似を交えてその内容を述べたり、自分の考えを説明したりすると、いつも微笑みながら、「君たちの日本語はまた進歩したね」とほめて励まして下さるのだった。

このようにして、私はいっそう事務室詣でを習慣とするようになった。授業のあるなしに拘わらず、わざわざあの「図書館」へ足を向け、東先生と一言二言話をしただけで、嬉しい気持ちになることが少なくなかった。先生にあいさつするごとに、先生はこちらを向き私の眼を見て話しかける。「王さん、調子はいいようですね?」語気の中に老人の若輩に対する思いやりと愛護の気持ちが満ちている。

東先生はお酒がとても好きで、我々とコンパをした時など、みんなはいつも感謝の気持ちをもって先生と杯を合わせるが、先生は来るものは拒まず式で、よしんば頬が紅くなるほど飲んでいても、意に介さず、次々と酒杯を挙げるのが常であった。このように学生達と一緒にお酒を飲むコンパは、先生のような一人異国に滞在する老人にとって、得難いものであるといえるだろう、と私は思った。

しかし私は、先生の心には一種の孤独感が潜んでいるのではないか、とも感じていた。そのように感ぜられるのは、先生が住居に戻っていく際の後ろ姿、あるいは先生が住居周辺のほとんどのレストランで食事をしたと自慢げに話すところ、またあるいは不意に見せる深く考え込んでいる姿、などに由るのかもしれない。一人の人間が異国で生活するのには勇気がいるし、ましてや先生は七〇歳近い老人なのである。

ある時、授業が終わって我々は寄りかたまりバスの停留所に向かってワイワイ騒ぎながら歩いていた。ちょうどその時である、東先生が自転車に乗ってやってくるのを見かけたのは。我々は先生が自転車に乗っているところなどついぞ見たことがなく、驚くやら珍しがるやらで、めいめい勝手に手を振って「東先生！」と叫びながら挨拶した。先生は相変わらずの慈愛に満ちた笑顔で、我々を見かけたことでますます嬉しそうにしながら、片方の手を挙げて我々に向かって振る。陽光が樹々の間からこぼれて先生の肩にあたっていた。その瞬間、先生はかくも若く、自由であった。私ははっとして自分が誤っていたことに気づいた。孤独といい、寂しさという、そのようなものは東先生の心中には絶えてないのだと。なんとなれば、教師の職責、知識伝授の使命感は孤独などよりもずっとずっと重いからである。人は、自己の職責を果たし、自己の使命を実践しようとする時、孤独を感じるはずは決してないのだ、と。

三年生になって、東先生の授業がなくなった。専門科目の授業が他の教室で行われることが多く、そのため私はあの「図書館」を訪ねる機会が少なくなってしまったのである。心中残念な気持ちを抱いていた。もう東先生と顔を合わすチャンスがないのか、と我々が思っていたちょうどその頃、先生は奇跡的に我々のために準備したプレゼントを持って現れた。それは、先生がすべて精細かつ周到に選び出し、その文字をコンピューターに打ち込んだ日本語の文章集であった。我々が正確な発音を身につけられるようにするために、先生は奥様に要請して、閲読本の録音版を吹き込んでもらうことまでして下さった。間違いが起こらないようにするため、先生は何度も聴いて調べたところ、やはり何カ所か朗読のミスが見つかり、そのため、注意深く一覧表を作成し、錯誤部分の頁と行数を一つ一つ注記してくれている。その時期は、先生が眼の手術を終えてまだ半年も経たない頃で、夏休みだから忙しい仕事をやめてしっかりと休息しても誰も文句は言わないはずなのに、それでも先生は日本の自宅のパソコンの前に座り、ひたすら日本語の文字を一字一字打ち込み、私たちのために閲読の資料を作成して下さったのである。

教室を出て、私は癖となっていたあの事務室に向かった。東先生が机に向かって何か書き物をしている。夕日が先生の身体を金色に染めている光景はまた暖かくやわらかだった。「先生！」と私は思わず呼びかけた。先生は顔をこちらに向け、私であることを看て取ると、ちょっと笑って言った。「王さん、久しぶりだね。元気？」と。相変わらずの和やかで優しい様子である。私はあわてて「はい、元気です」と答える。こんな会話は、これまでの二年間何度もやり取りして、ごく自然な習慣のようになっていたのだ。しかし（三重大への留学を目前に控えた）この時は以前とは違っていた。私はわけもなくある種の寂しい気持ちにおそわれた。これからはもう東先生の授業を受ける機会がないのだ、と。この時、かつて先生の授業中に時間を浪費したことのある自分を責めざるを得なかった。

東先生は、卒業生と在学生との連絡、情報の共有を促進するために、自分一人で「八里台通信会（天津八里台の会）」を設立し、会報を編集している。会報では会の具体状況や会員の近況を詳細に報告するだけでなく、先生自身が書いた八里台校区の近況をも載せている。会報の最後に先生は「以上ながながと書きましたが、八里台老人の近況報告でした」と書いている。「八里台老人」というこの言葉は、すこぶる隠士の味わいを有しており、まことに先生にふさわしい。多年の教育活動を経て、先生はすでにこの街・教学楼・大学キャンパスと密接に結びついている。先生の忍耐と誠実、周到さと情熱によって一人一人の学生を感化しながら、私たちに国境を越えた無私の思いやりを深く感得させてくれた。教育とは、国家や民族の区別などを必要としない偉大なものなのだ。

もしある日あなたが天津の八里台を通り過ぎる時に、パリッとした白シャツを着、黒っぽいネクタイをしめ、親しげな顔をした老人が自転車に乗り、えんじゅの並樹を走っているのに出会った際には、どうかすぐさま「東先生！」と一声かけて下さい。彼は嬉しそうにあなたに向かって手を振り、会釈をするはずです。もしよろしければ、彼に私のお詫びの意を伝えていただけませんか。まじめに授業を受けなかった軽はずみな年月を、机の下でこっそりと携帯をもてあそび、見つからないだろうと高をくっていた小利口さを、勇気がないばかりに心のままを打ち明けられなかった臆病さを。また、よろしければ私の感謝の意を伝えていただけませんか。彼が書架の上段にある書物の名前をはっきりと見るために眼を細めていたことに対して、彼が夜遅くまで日本語の教材を編集したことに対して、彼が家族や友人と遠く離れ、単身にて異国のこの土地で教え続けていることに対して、国境や民族を超えた教師の責任感とはどのようなものなのかを私に教えてくれたことに対して。もしまた、もう一度あなたの授業を受けることができれば、よいのですが、先生。》

王禹霄さんは、三重大への留学を終えて師範大を二〇一四年六月に卒業すると、ただちにアメリカに渡り、New York Film Academy（ニューヨーク映画学院ロサンゼルス校）に入学し、二〇一六年六月に卒業して、現在ロサンゼルスで映画制作に従事している。カンヌ映画祭の短編部門で賞を得た作品の制作にも関わっており、将来の中国映画制作で期待される人材である。実はこの作文コンクールは、「国際人材交流」という雑誌社と「中国国際人材交流与開発研究会（CSRIPED）」が共催しているもので、そういう作文によって発掘された中国国内における外国人教員の顕著な教育活動に対して表彰を行う活動も行われている。私も二〇一四年四月に、北京で「国際人材交流」とCSRIPEDから表彰され「栄誉証書（〝我最喜爱的外教〟的称号）」をもらったことがある。またそのニュースが天津師範大学のホームページに掲載されもした。栄誉証書を授与されたのは、二〇一二～一三年の王禹霄さんのコンクール優秀賞によるばかりではなく、二〇一三～一四年に、四期生の劉媛さんも外教としての私を紹介した文章を書いて三等賞を獲得したことにもよるのである。

二　授業との格闘の前に

「格闘」というのはおかしいではないか、というヤジが聞こえてきそうですが、いやいや三重大で教えていたからといって、天津での授業はまたそれとは全く異なるのですよ。まず、教える内容が、以前の中国史や歴史教育の分野ではなく、日本語です。日本人なのだから日本語を教えるといってもそれほど苦労はないのではないか、というのがあさはかな考えなのです。私もこのプログラムの協定締結をしようとしていた頃から、いざ天津に行って教鞭を握ろうとする時まで、そのように楽観しておりました。ところがどっこい、そうは問屋が卸さないのです。

以下授業との格闘について述べる前に、ここで少し天津師範大学国際教育交流学院の日本語科におけるスタッフや授業科目その他、学生の日本語学習環境について述べておきたい。

二　重校区

すでに触れたように、天津の諸大学は郊外に移転しつつある。師範大もその例外ではなく、天津市西南の大学区に広大なキャンパスを有し、あまりにも広すぎて学生の不興を買っているほどである。私たちは「新校区」と呼んでいたが、元々の師範大は市内の八里台を中心にして、三里台や六里台にもキャンパスが併存していた所謂タコ足大学であった。それを新校区へ集結させようということになり、二〇〇〇五年頃にはほとんど移転を終えた。しかし二〇〇四年末に八里台に新たな学部として創立された「国

新校区を図書館より俯瞰・手前は勧学楼

際教育交流学院」は、外国人留学生の宿舎があったりして、この学部だけが八里台校区にとどまっていた。我がプログラムの中国人学生のクラスで言うと、二〇〇六年入学の一期生と二〇〇八年の二期生はまだ八里台の中国人学生宿舎に居住していたのだが、我々日本人教師陣も八里台にある金橋賓館に住んでいたから、教師と学生がキャンパス内でしょっちゅう会い、日本語での会話が授業以外にもできたのである。教室も同じ敷地内に一〇階建ての「教育中心大楼」があったから、学生達の生活空間と教場は指呼の間にあり、日本語の指導の面からするとはなはだ便宜であった（ただし日本語以外の科目は新キャンパスで開講されたから二期生まではバスで新キャンパスへ通っていた）。ところが、二〇一〇年入学の三期生以降は、八里台の旧キャンパスの大部分が売却されて学生の居住区も撤去されたから、三期生から新キャンパスの学生宿舎に居住することになったのである。八里台の日本人教師との日常的付き合いの機会が失われ、また日本人の留学生や主婦との語学的交流がやりにくくなり、日本語学習にとってマイナスの環境となってしまった。このことが直接関わっているかどうかは実証できないが、一期と二期に比べ、三期以降のクラスの日本語能力試験一級の合格率が低下したのは事実である。このように、三期生以降の学生にとって、教員・教室と生活空間との乖離が、週に三日くらい八里台まで学生が出張してこなければならないことと相まって、学生たちに負担を強い、日本語学習への不便を余儀なくさせているのである。

授業科目と担当教員

日本語以外の授業は新キャンパスで行われるが、日本語関係科目は八里台で行われることが多い。学生が新キャンパスに居住しているのだから教員も新キャンパスへ出かければよろしいのだが、いろいろと事情があってそうはなっていない。中国人教師の場合は授業の大部分が新キャンパスで行われる。しかし日本人教師の場合は難しいのである。今は地下鉄が開通しているからかなり便利になったけれども、しかし最寄りの大学城駅からは徒歩では難しく、バスに一区間乗るか、人力車や白タクのような乗り物に乗ってはじめて新キャンパスへ到達できる。バスは多くの学生が殺到するし（院生や留学生、学年によって自宅や学外アパート等から通学する学生もいる）、日本人教師は言葉ができない人が多いから、白タクなどの運転手に騙されたりする可能性がある。私も一時期、東老師だったら数年も居るからタクシーに乗れるだろう、との大学側の判断でタクシーで新キャンパスへ通ったことがある。タクシーの領収書を一カ月単位でまとめて財務に持って行くとその分の払い戻しを受けられるのである。これを一学期間続けたのだが、実に苦労した。というのは、まず一時間目の授業開始が八時で、八里台から新キャンパスまで通常なら三〇分位でいけるのだが、朝のラッシュ時の渋滞が半端ではない。最初七時一五分くらいで大丈夫だろうとタクシーを拾った。ところが途中の道路が輻輳《ふくそう》する地点「華苑」で大渋滞する。時計を見るともうすでにほぼ八時である。と、携帯電話が鳴って「先生、今どこですか」という学生の声。事情を言って待ってもらうことにしたのである。

それ以来七時に出発したが、タクシーをうまく拾えないとまた遅刻ということになる。私の個人的な事情もあり、出かける二時間前には起床する必要があり、その曜日の日はいつも五時に起きていた。それから、授業が終わってからタクシーを拾うのがまた大変。新校区で二コマ授業をしてお昼時、学外で食事をしようという学生もいるし、タクシーは引っ張りだこ。私のような老人がノロノロと手を挙げていてもサッと若い急ぎの人たちに奪われてしまう。ある時は、かつて三重大へ留学し、帰国して師範大の日本語教師をしていた知り合いの女性が、ぼんやりと立ち尽くしている私を通りがかりに見て「東先生ではないですか！」と車を止めて八里台まで送ってくれたことがあった。そういう奇遇を経験するメリットもあったけれども。また英語を教えている老婦人（スコットランド人？）が私と同じようにタクシーを拾おうと立ち尽くしていた。彼女からの申し出で、二人で道路の反対側に立って早くタクシーを捕まえた方に乗る、という約束をし、途中まで彼女と一緒に乗り合わせたこともある。そういうことが二、三回あった。小一時間も待ったこともあった。一時間もするとお腹がすくし、やむなく殺人的なバスに乗って八里台までどうにか帰り着いたこともありました。

思わず辛かったタクシー拾いの話しに夢中になったが、そういう事情で外国人にタクシーなどを利用して新キャンパスまで授業に出かけさせることはあまり好ましくない、という判断を師範大側がして、ある学期は、ハイヤーを雇って、その曜日の送り迎えをしてもらうことにしたのだが、これもおそらくは費用がずいぶんかかったのであろう、結局その学期だけとなった。学生にとっても大学側にとっても、要するに学院の教室や事務の建物と外国人教員宿舎が新キャンパスに建てられれば、問題はすべて解決されるのであるが、そうはなっていないのである。敷地はいくらでもある。おそらくは建設資金がないのであろう。師範大としては協定大学から派遣されている外国人教員の安全を確保する必要があるから、フェンスで囲まれ、保衛隊の居る八里台キャンパスの内部に外国人教員を「閉じ込めておく」ことが最大の安全保障となるわけである。その結果は学生に一定時間を使って授業を受けに八里台まで来させることになり、ほかに手はないのである。もっとも学生にはメリットもある。八里台は繁華街に近く、授業後の食事や娯楽や買い物に便利であること、新キャンパスの比ではない。

以上、授業の行われる場所について冗舌な言を費やしたが、本合作弁学プログラムの科目には以下のようなものがある。基礎日語・口语《コウユィ》（会話）・听力《テインリー》（聴解）が基本の三科目で、一年と二年に履修する。その他には作文・読解・高級日語・語法・日本事情・翻訳などがあるが、大体二年の後半から四年の間の履修となっている。この中で基礎日語は例外なく中国人教師が担当していた。というのは、基礎日語は語法などの説明が必要で、中国語ができないと担当は難しいからである。私たち日本人の担当は会話と聴解で、この両科目も中国語ができた方が良いに決まっているが、日本人ではそうもいかない。作文などの他の諸科目は、一定の基本的な力が付いてからの科目だから、中国人でも日本人でもそれほど違わないので、双方がその都度の事情によって適当に担当していたわけである。ちなみに私は「聴解」を八年間担当し、その他は高級日語や日本事情などを適宜受け持った。

足かけ八年間（計一五学期）の一学期の私の担当時間は、学期によって異なるが、大体全部で週一〇コマとなる。一コマとは四五分で、四五分と四五分で一〇分間の休憩をはさんだもので、日本ではそれが一時間の講義である。三重大流に言うと私の担当は週に五コマということになる。一年生前期の、つまり入学早々の「聴解」は中国語との関係で中国人教師が担当する場合が多く、その代わりに高級日語や日本事情を担当するという組み合わせの学期もあった。

ちなみに、学生の日本語関係科目の受講時間数は、三重大流で言うと、一年生は基礎日語四コマ、会話と聴解で四コマ、計八コマである。二年生になると基礎日語・会話・聴解の八コマに加えて、日本事情、作文、読解などが学期によって異なるが、一つか二つ加わる。これ以外にも二学年の間に、体育と心理健康関係・英語、その他にもマルクス主義関係・近現代史関係・軍事理論・計算機技能に関わる必修科目があり、その合間にいろいろな分野の各自の選択科目が入る。各学生の選択の仕方によっては、一週間の二五＋αの講義枠数のかなりが埋められる。一学期は約一八週だから、日本語の授業時間はかなり多いものとなる。

試験と成績

教師にとっても学生にしても大変なのが学期末試験である。中国の学部段階の教育のほとんどは、教科書を使用する。教科書に盛り込まれた内容を学生は暗記を含めてよく学習して試験に臨む。答案は点数で採点・報告されるから、試験問題はだから教科書に準拠した内容で、正解が曖昧ではいけない。必ず一つの正解でなければならない。もっとも論述形式のものもあるので、すべてそうだとは言えないが、基本的にはそう考えてよい。以下では師範大での実際の経験に従って簡単に紹介してみよう。

① 試験問題（問題・回答用紙）をAとBの二通作成しなければならない。どちらを出題するかは、かつては問題作成者ではなく管理職が決定したようである。出題内容の事前漏洩を防ぐための措置かとも考えられる。

② 回収した回答は、出題者のみが採点するとは限らないので、試験問題とともに模範解答表が作成されなければならない。

③ 採点の方法がまた独特である。得点欄、採点者サイン欄（得点欄ごとにある）など採点者に求められる要記入箇所以外は一切書き込みは不可である。得点の記入やサインなどはすべて赤い水性ボールペンを用いる。

④ 採点が終わってから提出する書類等は、採点済み問題解答用紙、全員の点数などの表で

ある「学分制学生学習成績記録冊（二通）」、試験問題が適切であったかどうかを分析した「試巻分析（二通）」、実際の試験結果の分析表「考試情況分析表」、「考勤表」（出欠表）、シラバスに当たる「教学進度表」などである。聴力科目の場合は「出題録音テープ」も提出する必要がある。

以上を提出してようやく試験業務から解放される。最初の頃はこの試験時期が迫ってくると憂鬱で仕方がなかった。ただ日本の大学が参考にして良いところもある。例えば、平常点の加味や試験問題の分析、試験結果から指導上の問題点や今後の課題を導き出している点などである。

しかし、中国の大学における試験制度にはかつての「科挙」の影響が色濃く残っているのではないか。試験期間におけるものものしい警備監督体制、二つの問題の作成、採点者による小問題ごとの得点欄へのサイン、採点者の答案への書き込み禁止などは、まさに科挙でも厳重に取り締まられた不正行為を防御するための方法に通じるものがある（宮崎市定『科挙』中公新書を参照）。日本でもカンニングが問題となることが多いが、中国における不正受験の実態はさらにそれを上回るようにも思う。競争の激しさもあるが、中国の人々のものの考え方と相まって、考察に値するし、それは伝統的なものではないのか、というのが私の感想である。

事務室・書籍

私の宿舎の向かいにある教育中心大楼と呼ばれるビルの中に教室や三重大事務室がある。授業は、初期は七階の三重大事務室の隣の部屋、その後は主として三階で行われた。三重大事務室というのは、教員の授業準備室というか資料室というか、約四〇平方メートル近い部屋が協定締結によって師範大から無料で貸与されたものをいう。中国大陸に拠点を持った日本の国公私立大学の多くは、学外にマンションなどを賃借して、そこを中国における情報収集などの活動拠点＝事務所とした。おそらく相当高い賃借料を支払ったと思われるが、三重大のように学内に事務室を有した大学はそれほど多くはなかった。ただ師範大から無料貸与されたこの部屋は、あくま

事務室架蔵書

でも師範大との合作弁学の実施に必要な空間としてのもので、他大学のようにリクルートのための海外活動拠点の役割を担っていない。

従ってこの部屋の利用法は、学生の日本語指導の用途にのみ限定されていたということができる。もし三重大が中国大陸の活動拠点として使用しようとするならば、師範大との別途の契約が必要であったろう。電気代などは無料であったし、テーブルや椅子も無償で貸与された。立派な書架も師範大によって用意されたし、のち新書や文庫も含めて書籍が増加したため、師範大の提供による奥深くしまい込むような書架ではなく、背文字が簡単に見られる簡易な書架の設置を私の設計で企画した際にも、師範大側は気前よく発注してくれたのである。

そうした師範大の好意に応える意味で、パソコンやプリンター、そして少し遅れてコピー機を三重大側の費用で設置したのである。中国の大学ではコピー機は一般的には普及していない。師範大の我が学院でも、教務・財務・総務の全体で一台しかなかった。教員がどうしても必要な場合には外出してコピーし、領収書を持って財務からその代金を受け取る方式であった。これでは授業のプリントにも困るので、三重大教員としては強く本国大学に要求してどうにか安いコピー機を入れてもらったわけである。コピー機の導入は私の先任者の伊藤彰男先生によって行われた。

日本語の学習にとって必要なのが、参考書や辞書はもちろんであるが、それぞれの日本語能力の段階に応じた日本語で書かれた読み物である。中国で日本語の書籍を手に入れることはかなり難しい。天津では外文書店などに行って対訳本などに日本語が盛られているのを目にする程度だ。したがって学生達に日本語だけの書物を手に取るようにさせたいと願うのは教師としては当たり前のことである。私の先任者の好意による寄贈本という形でいくらかの書籍が私の赴任前に集積されていた。しかしそれだけでは不十分なので、私が天津に赴任してまもなく、三重大に対して要望書を提出し、三重大の予算で一定量の書籍（日本語指導や学習に必要な種類・分野を記載して）を購入してもらった。教育学部が予算化してくれたし、三重大図書館も協力してくれた。法人化後二代目の内田淳正学長も裁量経費をつけてくれたりもしたのである。三重大教職員に呼びかけて、不要になった日本語の書物を寄贈してもらう以外にも、本帰国する野球部員や知人に私から呼びかけて天津に置いていってもらったりした。かくして三重大事務室に書籍が徐々に集積され、かなりの数量となった。私が退任した二〇一六年七月段階で、所蔵数は約三〇〇〇冊に至った。すべての書籍の扉の部分には「三重大学日語協同教育図書」の印判を押してある。これらは搬入のつど、エクセルファイルに打ち込まれ、学生の検索に便ならしめた。内訳は、岩波新書が一四〇〇冊くらい、各種の文庫や新書、それ以外の日本語学習に関する書籍や辞書・事典類、日本の小・中・高校の教科書や単行の文学作品などがあり、それ以外には近現代小説や歴史小説の文庫本など合わせて一六〇〇冊くらいである。これほどの冊数の岩波新書を擁している中国の大学は、そんなに多くはないのではなかろうか。三重大での専攻決めのゼミ、レポートや卒論制作などにもおおいに役だった。事務室所蔵の書籍は、公費による購入のみならず、集中講義に来た先生方による寄贈、また天津在勤の日本人教師が自分の指導に必要な書籍をブックオフなどで購入して、リュックで背負い天津まで運ぶというような次第で、そういう増加分もかなりの比重を占める。なお一言付け加えるなら、上記の書籍群の所有権は三重大にある。いずれ寄贈されるかもしれないが、このプログラムの関係者に限定して利用させるためには、三重大が所有・管理しないといけないためである。

書籍の他にも、日本の映画やアニメも数多く購入され、私なども日本に一時帰国した時に授業用として購入して天津に持ち帰ったものもかなりある。映画などで、古い時代の名画など私個人の収集したものを提供したことも多い。また日本語の音声が学習の重要な要素である。三重大から音楽専攻の根津知佳子先生が集中講義で何度も天津に来た際にCDをたくさん寄贈してくれた。私自身は、授業でもおおいに利用した日本の歌謡曲のCDを何枚も日本で購入して天津に持ち帰ったし、日本のラジオ放送の録音を電子ファイル化して、それを学生達に配布して聴かせたり、授業でも使用したりした。

そのように、映画のDVD・音楽CDなど、あるいは日本のテレビの録画DVD（「美の壺」

や「クールジャパン」などなどの日本の文化・社会を映像で学ぶための必須の作品）が、これも多くの先生方（特に佐藤廣和先生）の好意によりかなり集積された。これらもすべて電子ファイルで一覧リストにして学生に配布し、書籍と同様自由な利用に供することにしていたのである。

以上のように、三重大事務室は、授業で使用するいろいろな資料を保管する場所であり、学生が図書館・資料室として利用する場、あるいは教員の会議室や授業準備室であったり、お茶など飲みながらの教員同士のくつろぎの場でもあったわけである。

教育実習と卒業論文

本プログラムの眼目であるダブルディグリー制度が成り立つためには、師範大の学生が、三重大の卒業要件を満たす必要がある。そのためにクリアーしなければならないのが、教育実習三単位の取得と卒業論文審査に合格することである。

教育実習は、三重日語班の師範大在学中の学生を対象とした授業において行われる。当初五週間であったが、ある時点から四週間で行われるようになった。この間、学生は指導教師の人数分のグループに分けられ、順に全教員の授業を参観し、授業参観のレポートを実習ノートに記載して提出する。後半の二週間に、配属されたクラスで一人数時間ほどの実習授業を行う。授業後の反省会では指導教師および実習生からの批判を受け、次の授業に資するようにする。

授業の際にはもちろん指導案を作成して、指導教師や実習生に配布し、授業後は授業の実際や反省点を記録した実習ノートを指導教師に提出しなければならない。最後に、グループの実習生代表による研究授業が行われる。このようにして四週間を過ごした実習生は、それまでの記録をすべて実習ノートにまとめて提出し、指導教員は自らの評価記録と実習ノートに基づいてその実習生の成績評価を行う。このような教育実習の様態は、私が三重大学教育学部付属学校での教育実習の次第を模して作成した計画書に基づいて実施されたものである。もちろん師範大学当局の許可を得ているものである。

師範大の四年時の卒論は、三年から四年にかけて三重大へ留学している期間に、三重大の指導教員の指導によってテーマを決定し素稿を少しずつ書き進め、三月に天津に戻ってから、六月半ばの卒業式までに完成させる。とは言っても、実際は五月の半ばに口頭試問があるので、三月中旬から五月初めまで、師範大のスタッフにそれぞれ分属して指導を受け、師範大の卒業論文として完成させる。口頭試問は指導のスタッフ以外にも他の学部や学外の日本語教師も参加して行われる。最優秀な論文は学生共々指導の教員も表彰を受けるとともに、その論文は天津市のコンテストにも出品する権利を得る。

日本語能力試験

この試験は周知のように公益財団法人の日本国際教育支援協会と独立行政法人国際交流基金が主催して、毎年二回開催される検定試験である。等級はN1〜N5級まであり、特に一級に合格すれば就職試験などにも有利であるので、多くの中国人が受験する。我が三重大日語班の学生たちも、よくできる者は二年間の学習で一級を合格してしまう。

私は、日本に一時帰国した際、書店に行って日本語教育のコーナーに置いてある模擬試験問題（多くは一級試験のもの）を購入し、天津で模擬試験と称して授業時間内外で一学年に四〜五回行った。その結果を個人別に集計して各人に手渡し、学習の参考にしてもらった。

一級試験について私が思うのは、この試験に合格したからと言って日本語のすべての能力の一応の基準点をクリアーしたことを示すわけではない、ということ。特に会話の能力や書く能力は直接的には試されない。会話をするための日本語のあれこれを知っているかどうか、作文するための語彙が一定以上あるか、語法の理解は如何、などが判明するのであって、実際に流暢に会話できるか、レポートをしっかりと書けるか、などはまだ未知数なのである。とは言っても、この試験に合格することで日本語能力が一定程度あると認定されるわけで、学習者のかなり重要な目標になっているし、合格すれば自信もついて更により高度な能力をと学習に拍車がかかるというものである。

学生たちについて

以上がこのプログラムの指導と学習の環境である。さて私の主要担当科目は「聴解」つまり聴く能力を鍛える科目である。最初の担任のクラスは〇八級と言って、二〇〇八年に入学した学生で、〇八級の上には〇六級と言われるクラスがあり、これが一期生に当たる。

実は師範大ではこのプログラムについて、二〇〇六年九月発足を予定して中国教育部の認可を受ける申請準備をしていた。ところが、ちょうど河南省の鄭州大学で合作弁学プログラムに関する疑惑事件が起こり、中国教育部の新規申請の審査がストップするという事態が発生した。師範大としては審査がストップしてしまったままのた

三重大女子寮の前で二期生と

め、便法として実験班という形で、プログラムの実施を図ったのである。しかしこの審査ストップはその後五年間も継続したために、隔年募集の実験班によるプログラムの実施となった。〇六・〇八・一〇という隔年入学の三クラスがその実験班で、一クラス二〇名の学生からなる。私が三重大に留学生の新規宿舎を建てるべく理事として勤めていたのは二〇〇七年四月〜二〇〇九年三月である。先述のように、私の天津赴任は二〇〇九年四月一四日であるのだが、この四月にはすでに〇六級の一期生が三重大へ留学していたわけで、私は一期生に対して一カ月間の講義や集中講義などを除いては、指導をしていない。私の天津での本格的な指導対象の学生は〇八級である。そのクラスは私の天津赴任時にはすでに一年生の後半に達していた。

中国の大学生の教室における態度はきわめて真剣であり、教師に対する態度も敬虔と言ってもよいほどである。個人的に質問に来たり、またこちらから用を頼んだりしたときなどにも、教師に対して敬意を払う態度は一貫していた。授業中の私語など一切ない。私は、〇八級の、何とか日本語をものにしたいという切実な気持ちをみなぎらせた若者達を前にして、そうした気持ちを健気でいとおしいと思い、クラスの全員から醸し出されてくるピーンと張り詰めた緊張感に圧倒されていたといま思い返すことができる。日本の大学では教師と学生は友人的な関係で少しダレていたという思いもあり、すっかりイカレてしまったのである。この学生たちのためであれば、という気持ちにならざるを得なかった。

よくできる子、進んで手伝ってくれる子、クールな子やちょっとクラスから孤立している子、いろいろな個性があった。そのクラスは男子学生が一人だったから、まあ言ってみれば〇八級という娘たちのクラスに恋をしたということではなかろうか。だから授業では、恋人の前でドジを踏まないように、恋人の歓心を買うために一生懸命準備をしたという気味が濃い。徹夜になることもあったけれども、授業や準備がいやだと思ったことは一度たりともなかった。これは日本の大学にいたときとはまったく異なる気分である。そこには自分が率先して締結した、国を越えたこの協同教育プログラムをなんとか成功裏に導きたいという功名心、あるいは組織内に存在したきびしい反対や反感に対して、なんとしてでも成果を上げてやるんだという意地もあっただろう。

以下の日本語授業の寸描は、この〇八級のクラスに対して行った授業を中心にしている。その後の八期生までの八年間にわたる天津での私の日本語指導はこのクラスにおける授業によってその基本が生み出されたからである。

音読と暗誦

日本でもかつてはそうであったように、中国人には一般的に外国人に接したことのない人が多い。特に内陸部の人はその可能性が高い。学生にしても、日本人に初めて接するというのがほとんどではなかろうか。日本人がしゃべる日本語は絶対的なものだから、日本人教師がちょっとでも間違えたり曖昧なことを言えば、学生もその誤りを模倣したり、「この教師は?」と見てしまうことになろう。油断はできないのである。

私の日本語の発音はあまり良くない。特にアクセントがである。「ハナ」は「花」と「鼻」が正確に区別できず、「ハシ」は「橋」「箸」「端」が逆になったり混乱してしまう場合があって不安定である。赴任後数年経って新入一年生の授業を担当した時などは、新出単語を片っ端から辞書で引き、そのアクセントを確かめた一時期がある。基礎日語を担当した中国人女性教員のきれいで正確な日本語の発音を聴いていれば大丈夫だと思ったし、実際そうであったが、しかし教師としては共通語のアクセントで発音ができるようにならないといけないであろうとの思いはいつもあった。赴任後何年かたって一時帰国した時、少し良くなったと妻もとがめなくなったが、咄嗟にはまだ生まれついての紀伊半島の関西風発音が口をついて出てくることもあり、私の発音で被害を被った学生もいるかもしれない。もちろん共通語の発音とはやや異なる伊勢弁などの発音、また関西弁などの発音や語彙などは、上級生のように少し日本語に慣れてきた者にとっては、むしろ共通語を際立たせるためには有益である面もあり、共通語でなければダメだとは一概には言えないのであるが。

できるだけ、日本人のプロの模範朗読を聴いて練習するようにと指示するのであるが、一年生聴解用の教科書「みんなの日本語　听力入門」にはCDが付いているけれども、二年生用の『中級から学ぶ日本語ワークブック』(研究社) の音声は別売になっていて高いし、「速読文」の音声がない。そこで、朗読で少し社会奉仕した経験のある妻に「速読文」のテープ吹き込みを頼み、それを電子ファイルに変換して学生に配った。二期生から七期生まで教科書が同じであったため、それは学生の「朗読」練習におおいに効力を発揮したと信じたい。

赴任後何年か経って、三重大を卒業して教育委員会に勤めていた女性が天津へ遊びに来た時、彼女が中国の大学寮を見たいというので、夜間に女子学生寮を訪問したことがある。その時、私の指導する学生の一人が、階段の踊り場でイヤホンをつけて、教科書を見ながら私の妻の録音を聴いているのを目睹したことがある。相部屋の同学に迷惑なので廊下に出て発音練習をしているところに出くわしたわけである。その時は実にうれしかった。また、寮内の熱心なクラスの学生の居住域からは、授業のない時などに日本語朗読の声が聞こえてきて、あたかも寺院で僧侶がお経を読むような雰囲気がある、と朗読にそれほど熱心ではない学年の学生から聞いたことがある。この場合は一部屋の全員で朗読、というか群読をしていたことになる。

ちなみに、日本語では「朗読」と「音読」の意味が異なる。同じく声を出して読むのだが、「朗読」は声に抑揚を与えたりしてその情緒を伝えるように読むこと。音読は「黙読」の反対で声に出して読むこと、または「訓読」の反対で漢字音で漢文などを読むこと。これに対して中国語では、〈朗读《ラントゥー》〉は日本の「朗読・音読」の意味で、〈音读《イントゥー》〉は漢字音の読み方などを指す。ちなみに中国語には「訓読」はないが、それは中国漢字に日本漢字的な音と訓がないからである。私は学生に向かって口が酸っぱくなるほど、「ラントゥー、ラントゥー」と中国語で叫び続けたから、〝朗読の東〟というあだ名をつけられたらしい。私の言う「朗読」とは日本語の「音読」の意味である。そこから「朗読」へ発展すれば大いに結構であるが、まずは自分の音声を身体の外に出して自分の耳で聴くことが大切である、と言い続けた。それは中国人教師も同様で、中国における語学学習では「朗読」が常に重要視されていたのである。

中国の学生は暗誦が得意だ。小学校以来、古典の有名な詩文を暗誦することを常に要請されてきたためであろうか、どのクラスにも得意な学生がいて、私からちょっとやってみてくれませんか、と頼むと、喜んで朗々と誦ずるのである。ある時地下鉄の車内で、『高考必背古代詩文』なる豆本を熱心に読んでいる高校生を見かけたことがある。「必背」とは「必ず暗記しなければならない」という意味だ。高校生は毎年六月に実施される大学入試、中国では「高考」(「全国高等院校招生統一考試」の略)と呼ぶが(または「全国大学統一入試」)、その試験に高得点を獲得しないと希望の大学には入れない。彼らは国語の試験には古典詩文を暗記しないととても高得点は望めないのである。暗誦さえすれば記憶と同じ効果を有する。だから小学校以来、暗誦が学生の義務である。ついでに言うと、中国では日本語のような児童・生徒・学生の区別はない。すべて「学生」である。大学では正式には「学生」と言うが、教員達の会話などでは〈孩子《ハイズ》〉つまり「子ども」と呼んでいる。こういう所にも、中国における教員と学生の関係のあり方が垣間見えるが、それはまた後述することもあろう。

このように学生達にとって特に国語や語学の学習には暗誦が基本であるらしい。しかし私は暗誦よりも日本語の学習にとって音読の方が頭脳を酷使せず行いやすい上に、日本語の言葉の流れを、自分の音声を耳で聴きながら体で覚えるのには有効だと考える。もちろん、日本人の模範となるべき朗読を聴いてからそれをなぞるように音読することが望ましいのだが。実際に中国人のベテラン教師によれば、「朗読」こそが外国語の学習に必須であり、ご自身も学生時代ほとんど毎朝日本語の音読を欠かさなかったと言っていた。確かに中国の大学を訪問すると、朝早くあるいは授業の合間の休み時間に、池の畔やグラウンド、ちょっとした空き地、そして廊下などで、英語などの外国語教科書を大きな声で音読している学生をよく見かける。日本の大学での光景との相違の一つである。

最近では日本の小学校などでも朗読の重要性が次第に認識されてきているようである。たしかに〔朗読・音読〕の教育的効果はあるらしい。川島隆太・足達忠夫『脳と音読』（講談社現代新書）によれば、音読が脳に与える影響の顕著なるものあり、「音読=脳のウォーミングアップ」という仮説が提示され、「音読は脳の全身運動であり、脳機能を発達させ、脳機能の老化を防ぐことができる」と川島氏によって言われている。『脳と音読』では、音読のいろいろなタイプ、朗読・素読・暗誦・復誦などと脳の働きとのいろいろな関係が指摘されており、教育における音読の役割の明晰化が今後の科学的究明の課題としてあることは川島氏の言うとおりであろう。例えば、授業でクラス全員に教師の模範朗読を模倣させて群読にて復誦させる場合と一人でテクストを見て音読する場合、そしてそれを暗誦する場合、などなど、どのような教育的な効果があるのか、今後明らかにしてもらいたいものである。

日本の国語教育における文の解釈や文章構造の理解（分段理解）などが偏重されているという批判があることはどこかで読んだことがある。中国では少し事情が異なるようである。なぜ中国では朗読や暗誦が重視されるのか、そしてその結果はどうなのか、という点に想いを潜めてみると、少し大げさに言えば、中国の教育のあり方や中国文化の基本的性格にも関わってくるのではないかと言いたくなる。

今この問題について、中国文化そのものよりも、アジア社会の形成に大きな影響を与えた中国伝統文化の特色としての「教育」のあり方に関わる問題に限定して言及してみよう。それは現在、内田樹氏などによって注目を集めている「修養論（修業論）」に関わる。内田氏は大きな衝撃を与えた『下流志向』において、幼弱な児童生徒の必須の要素として「伝統的な文化・

知識の承受」を強調している。私は中島敦の『弟子』や『名人伝』に盛られた中国における「師弟関係」とその両者間の「伝授」のあり方にも強い関心を有する。「模範」と「模倣」は中国語では発音が類似する。発音が類似するからと言って両者の間に密接な関係があるとは断言できないが、私は「模範」とすべき対象を「模倣」することがまずは修練であり、そうした修練の中から自己流の真髄を体得・会得（中国語では〈体会《ティーホイ》〉）するというのが、東方の教育指導や自己修練の基本的なあり方ではないかと思う。こういう伝統は岩波文庫のオイゲン・ヘリゲル『日本の弓術』にも通底するものであろう。『日本の弓術』にはヨーロッパの武術観との対比が鋭く表現されており、こういった観点からのアジア対ヨーロッパの比較も今後考えてみたいテーマである。ここでは一応の〈問題提起〉として、教育における〈朗読と暗誦〉の深度がその社会の伝統的な価値の擁護の程度に密接に関わるのではないか、と言うにとどめたい。

日本語の発音

「朗読・音読」について述べたので、ついでに日本語の発音について付け加えておこう。例えば「観光旅行」という語がある。これを発音する時には、単に「観光」と「旅行」のそれぞれの発音を足しただけでは日本人的な発音にはならない。kankou と ryokou のつなげ方が難しい。kou と ryo の間をつなぐために、kou の音調が少し高くなる感じである。このような例は枚挙にいとまがない。「就職活動」「試験問題」などなど。中国人だけではないと思うが、外国人の発音の難点を見つけやすい事例・部分であろう。こういう学生の難点は中国人教師にも共有されている場合があり、日本人教師が指摘してあげないと気がつかないのである。発音ばかりでなく、ちょっとしたことでも、日本人であるだけで学生に有効な勧告ができるのである。

一例を挙げれば、ある学生が私の指示に対して「ハイ、ハイ」と返答したことがある。おそらく教師に対して丁寧に答えたつもりになってそう言ったのであろう。私はすかさず、「ハイは一つの方が良いよ」と指摘した。「二つハイをいうと、何かしら嫌々承諾しているように聞こえることがある。それよりも『ハイ、分かりました』の方が丁寧な言い方になるよ」と付け加えたのだが、その学生はまだ完全には納得していない風であった。それは日本人とたくさんの対話を積み重ね、語感を研ぎすませることによってしか実感できないのであろう、と私は思い、特にそれ以上を付け加えなかったのである。このようなことはなかなか中国人教師にはわかりにくいのである。

もう一点発音について気がついたこと。日本語の発音によくある拗音・促音・長音が中国人の苦手な部分である。中国語の発音にはそれに相当する発音要素があまりないからである。ただし〈口《コウ》・都《トウ》〉などもあるのだが、NHKの中国語講座に出演した中国人が「ちゅうごく」と発音する際、「ちゅう」がうまくできず、「ちゅごく」と発音しているように聞こえたことがあった。こういう例は天津の我が学生の中にもあった。拗音と「う」の組み合わせが難しいのだろうか。促音について言うと、日本料理屋の店員とかアルバイトをしている本格的に日本語を学んでいない若い女性服務員が、「いらっしゃいませ」を「いらいませ」のように聞こえる発音をすることがある。促音と拗音を組み合わせた発音で、これはなかなか難しい。私は一年生に限らず二年生になっても、授業開始前に挨拶言葉の練習を行ったが、この「いらっしゃいませ」をうまく日本人と同じように発音できないと、日本へ留学した時、アルバイトに採用されないからね、とよく脅したことがある。

また同じように店員さんが客の帰り際に「ありました」と言うことがよくあった。私も最初に言われた時、何か忘れ物でもしたのかな、と思わず振り返って見たことがあった。これは「ありがとうございました」を早口でつづめて発音するので、「ありました」のように聴こえてしまうのである。「ございました」の濁音が二音続くのも発音しづらいだろうし、「ありがとう」の「う」の発音も欠落する可能性が高く、これは日本人でも「ありがとね」などと発音しているくらいだからやむを得ないところもあるが、正確な日本語の発音を心がけるべきで、大学で日本語を学ぶ学生にはぜひ気をつけてもらいたいというのが私の念願であった。だから、学生と別れる際に言う「さようなら」を「さよなら」と言わさないように、わざと「さよ(ぅ)〜〜なら」と言っては学生を面食らわせたりしたが、そのうち学生の方から「先生、さよ(ぅ)〜〜

なら」とふざけるようになり、私も同様にお返ししてお互い大笑いになることも一再ならずあったのである。

しかしこの「ありがと」だけではなく、「ちゅごく」なども同じで、中国人にとって長音の発音はなかなかやっかいなのだと感じるのは私だけではないだろう。天津に行って私は気づいたのだが、手とか目を「てぇ」とか「めぇ」というのは関西の人に多い。関東の人はのばさない。te と me の e を顕在的に音声として出すか出さないかという地域的な差違と同様、中国人の長音の発声にも地域的な差違があるのだろうか。

やっぱり音読は大切

四期生の卒業式でのこと。天津に来てもうだいぶ経ったので、自分の中国語の学習成果をみんなに知ってもらいたいという気持ちが私の中に生まれつつあった。そこで、以前から教員を代表して贈る言葉を卒業式の時に話していたのだが、その機会を使って中国語で挨拶をしたらどうか、と不遜にも思うようになった。もともと卒業式では、三重大の偉い方々も参加するので、卒業クラスの学生達が交代で日本語と中国語の通訳をやっていたのである。もし私の下手くそな中国語が通じなくとも、原稿さえ卒業生に渡しておけば、ごく少数の日本語が分からない教員を除いて、翻訳された日本語によって理解してもらえるだろうと思い、試みることにした。さすがに中国語の文章は自分ではできないので、日本文を中国人教師に渡して翻訳してもらい、それを中国語のソフトにかけてピンインを振り、拡大して音読用中国語挨拶原稿を作成したのである。卒業式まで一〇日間くらいあっただろうか。その間とにかく何度も夜の賓館の部屋で音読を繰り返した。途中、やっぱりやめて日本語で話すことにしようかな、と弱気になったこともある。しかし面子もあるので、更に練習を続けた。三〇回目くらいから少し滑らかさが出てきたような気がしてきた。問題は発音が明確かどうか、果たして意味が聴衆に通じるかどうかである。しかし誰か中国人に聴いてもらうわけにはいかない。自分の発声練習した音声を録音し、それを何度も聴いて修正した。そうして最終的には練習が五〇回くらいに達して、部分的には中国人のような発音が可能となったように感じた。卒業式当日になっても、やっぱりやめようか、と思ったりしたけれども、そこを乗り越え、とうとう出番になったとたん、不思議なくらい落ち着いて話ができたのである。五〇回もの練習の力だと改めて思った。のちちその時の卒業生に聞いてみたのだが、ああ東がまた中国語で話し始めた、どのあたりまで我々に理解できるような発音で中国語が話せるかな、とたかをくっていたらしい。ところが「最後まで意味がすっきりと分かる話しっぷりに驚いてしまいました。これはお世辞ではありません」と言ってくれたのである。同僚の中国人教師も式後、すごい、全部聴き取れました、と褒めてくれた。私としてははしてやったりの気持ちで、鼻が高かったが、その時改めて、音読練習を重ねることの大切さをしみじみと思ったのである。

三　教師の中国語能力

日本語の授業をするに際しても、特に一年生の授業ではやはり中国語が必要である。相棒の教員が日本語教育の専家で、彼女が言うには、「直説法」という初手から日本語で授業をすることが日本の日本語学校では普通に行われるという。彼女の授業を少し見せてもらったが、わかりやすい単語を何度もはっきりと繰り返して発音し、板書や絵カルタなどを用いてその意味を理解させ、徐々に単語と単語をつないで簡単な文にするというやり方である。自分には少し練習がいるけれども、授業を重ねながら徐々に教授法を習得していくことも可能であろうと思った。しかしそういう方法をとらなかった。なぜかと言うと、直説法は、クラスの構成がいろいろな母国語の話者による場合には有効、というよりもそれ以外に方法がないからであって、自分が受け持つクラスはすべて中国人であるのだから、中国語で話した方が理解が早いし、まぎれがなく、効率的であろうと判断したからである。

私自身は学生時代に中国古代史を専攻し、それで飯を食ってきたのだから、古代漢語つまり漢文と言われる文章はもちろんであるが、中国人の現代語による論文をも読む必要がある。東洋史専攻の学生として、八単位もの中国語の単位を修得しないと卒業できないことになっていたのだ。だから学生時代いちおう中国語は勉強した。しかし恥ずかしいことに、漢文資料を読むことにかまけて、現代中国語の学習はどちらかと言えばサボり気味で、ましてや会話などは少し塾に通ったけれども早々に棒を折ることになった。いまから言えばいいわけがましくなるが、我々の年代の中国研究志願者は学生時代中国に留学できなかった。なんとなれば日中の国交が回復していなかったからである。我々よりも十数年の後の後輩諸君はほとんど語学留学をしているのだが。

そういうわけで教育学部の同僚の日本人教師よりも中国語の基礎は身に付いてはいるけれども、語彙数は五百にも満たない、語法も簡単なものだけしか分からない、発音や四声にも問題があるような状態で、日本語指導に必要な中国語能力としては、はなはだお寒いと言わざるを得ない程度のものであった。だから学生諸君は私の意味不明の中国語の読解でおおいに苦労したであろう。特に最初の二・三年間は、主にパントマイムでの説明か、漢字による板書でなんとか理解してもらうという体たらくであった。ほとんどは結局簡単な日本語をゆっくり話し、時には板書を交えての説明に終始せざるを得なかった。一年生の授業は、前半は発音や初歩的な文章など比較的簡単な内容であるからまだしも、いちばん学生諸君が困ったのは、一年の後半から二年生にかけてであろう。三年生になればだいたい聴力がきたえられてくるから（そうでないとおおいに問題である)、むしろ日本語でしゃべる方が学生の聴力を鍛えるには好都合というべきであろう。従って、日本人の中国語ができない教員には、だいたい二年生以上を担当させるのが通例であった。私は中国語ができると誤解されたことや、教員スタッフの都合などで一年生を入学時から担当した時期があり、かなり苦しい思いをした。もう少しきちんと説明すべき所を、中国語で説明できないために中途半端な形で終わらざるを得なかったから、学生諸君の聴解力伸張というか日本語の鍛錬にはあまり良くなかったといわざるを得ないであろう。それでも学生諸君は一生懸命努力してくれたので、なんとか一定の水準には行き着いたのであるが。

いろいろな場面での中国語学習

日本語教師としての中国語の習得は、生活上の必要もあるから、一定の水準への到達を目ざさないわけにはいかない。ところが、私が活動した天津師範大学国際教育交流学院の日本語科には日本語の達者な中国人教師が何人もいて、プライベートな生活以外は、すべて通訳してくれるので、贅沢を言うようであるが、中国語学習の環境としてはあまり良いそれではない。そうであるなら、いやそうであるからこそ、中国語の学習にいそしまなければなるまい、中国で生活するなんて滅多にないチャンスだよ、と日本の友人たちは羨ましがっていたっけ、ここはひとつ漢語をマスターして〈好汉《ハオハン》〉にならなければなるまい、と中国語の学習や中国人との会話に励んだのである。以下はその一端である。

〈イエンタイタオ〉

天津に住み始めてまだ半年も経っていないときのこと。天津に古籍の書店があると人から聞いて、そこへ行ってみることにした。その場所は〈烟台道〉にあると地図では示される。イエンタイタオと発音し、一声＋二声＋四声である。まず天津市内では最大の書店である「図書大厦」に行き、CDや歴史関係の本を買い、そこから古籍書店に向かうべく、タクシーを拾った。中年の女性ドライバーで、こちらはニィーハオと挨拶し、向こうもにっこり笑ってくれた。「チュィナール（去哪儿）？〔どこまで〕」と訊いてきたので、「イエンタイタオ」と答えると、「シェンマ（什么）？〔何！〕」、再度「イエンタイタオ」と二回繰り返して言った。それでも運転手は「プチタオ（不知道）〔分からない〕」と言う。そのやりとりを二回ほど繰り返した私は、地図を取り出してここだ、と指し示した。すると、彼女は「オー、イエンタイタオ、ミンパイラ（噢，烟台道，明白了）〔分かった分かった！〕」と叫んだのである。彼女の「イエンタイタオ」の発音は、「イエン」の一声が半三声のように低い方へ尾を引くような発音だったのである。その程度の発音の相違で、意味が通じないのだということがよく分かった。彼女はそれからはとても親切になり、「イエンタイイタオ」という通りの入り口に当たるところで車を止め、ここから向こうはずっと「イエンタイイタオ」だと、例の半三声のような発音で、教えてくれた。

このように発声や声調が少し違っただけで、意味が変わったり不明になってしまうのである。お互いの癖をよく知っていたり、語学の教師のように相手の誤りを推察して訂正してくれるならいいが、見知らぬ他人同士、特にタクシーなどのように客の注文を正確に聞きとらないとあとでトラブルになる恐れのある場合には、意思の疎通が言語の相互理解の程度に規定されてしまっては問題なのである。私の場合は運転手の〈天津话《ティエンチンホア》〉（天津弁）を知らなかったためで、方言をそれなりに習得していないと生活全般をスムースに送れないとは言えるだろう。私は大学やラジオ講座では、〈普通话《プートンホア》〉という北京音を基準とした共通語を習った。現在中国では普通話の普及がなされ、小学校より上の学校ではすべて「普通話」を使用するようにと注意を行き届かせている。しかし地域地域の言語（方言）が幅をきかせていて、特に年配の人々は方言を使って話すことが多い。北京の人々の生活にしてからが、ものすごい〈北京话《ペイチンホア》〉で行われており、中国でも評判になった管虎監督の、馮小剛・張涵予・李易峰らの共演になる「老炮儿《ラオパル》」という映画には、北京の市井の人々の暮らしの一端が垣間見える、と言うよりもある種の任侠道的人間関係を示す興味深いものなのだが、そこでの言語は普通話と全く異なるものであることに驚いたことがある。『聴く中国語』（二〇一六年一二月号）にそのシナリオの一部が紹介されているが、そもそも表題の「老炮儿」とは、「北京の方言で、何もせずに、いつも鳥籠を下げてブラブラしている不良オヤジ」と説明されている。学生に尋ねたところ、山西省や河南省の学生でも映画の会話が分からないと言う。そういえば普通話の中国語字幕が付いていたっけ。私自身は字幕を観ながら画面画面の絵解きをして大体の筋を了解したのだが。映画の題目の「老炮儿」というように、この〈儿化《アルホア》〉が北京語では頻繁に行われると言われる。

〈タクシー運転手の天津弁〉

天津でもこの〈儿化〉した発音を盛んに聞いた。ある時私は夜中にタクシーに乗り、「八里台にある天津師範大学の北門まで行ってくれ」と言ったことがある。その時運転手は「どこだ」と聞き直してきた。私は繰り返したが、どうも〈北門《ペイメン》〉がよくわからないらしい。困って紙に書こうかな、と思い始めたところ、運転手がふと〈北門儿《ペイメル》〉と儿化したように感じたので、〈北門儿〉と言ってみた。そうすると運転手ははっきりと〈北門儿?〉と尻上がりの調子で確認してきた。嬉しくなって〈対《トゥエイ》、対、対〉(そう、そう、そう)と勢い込んで同意したことがあった。

私の住んでいる八里台のホテルには、国際教育交流学院の留学生に中国語を教えている教員がたくさんおり、その人達と校舎の廊下やロビー、食堂で会った時には簡単な会話を行うのであるが、そういう時には中国人教師は、こちらの発音が間違っていても、なんとかカバーして理解してくれたり、四声の誤りや語順のミスがあった場合は、こちらの言いたいことを正しい発音と語順でもう一回繰り返してくれるので、中国語の学習にもなり、全く困ることはない。教員からの発言は、ゆっくり簡単な言葉遣いをしてくれもする。しかし街に出てタクシーに乗ったり、買い物をしたりする時には、街の人々は留学生や外国人に配慮などしない。だから最初の頃、高い買い物をしたり銀行に行くなどお金がからむ場合は、学生か同僚に付き添ってもらうのが常であった。野球仲間のコンパなどどうしても一人で出かける必要のある場合、会合場所を地図で確認したり、場所と店の名前の発音などを練習してそれこそ決死の覚悟で出かけたものである。

〈道を訊かれる〉

ついでに言うと、中国人の方からこちらに話しかけてくることがある。私などはよくスーパーからの帰り途、近辺で生活している中国の老人と間違えられたのだが、〈老爷《ラオイエ》〉などと呼びかけられ、早口の中国語で道や建物について聞かれ（ているのだろうが）、最初の二年くらいは日本人的なあの微妙な笑いを浮かべながら手を振って断る。少し中国語になれてきた三年目くらいから、少し聞いてみて、わからない場合が多いのだが、わかった時は、ある方向を指して「一直走（まっすぐ行け）」とか答えるが、質問内容がさっぱりの時は、「不知道（知らない）」と答えることにしていた。大体質問者の話し方が早いし、こちらは中国語の学習をサボっているので、何年経っても聴解力が伸びないのである。それでも近くの南開大や有名な児童病院、衛津路や気象台路などの近くの通りの名前などは単語だけは聴き分けられるので、あっちの方、と指をさしながら教えたこともあった。こういう時の私は中国の老人と思われているのであろう。しかし話し方が早くて、内容が込み入っている時などは、「我是外国人（外国人です）」と言うと、大方の質問者は納得してすぐ離れていってくれる。

〈「想死你了」〉

授業中の話。テキストに出てきた「会いたかった」という言葉について説明していて、「会いたい」というのとどう違うか、時制に関しての説明。「会いたい」はもちろん願望を表すのであるが、そこには将来に向けての意思が込められている。それに対して「会いたかった」というのは、「〜たかった」という過去の状態を表すと一応受け取れる。しかし、例えば久しぶりに会った二人が「会いたかったよ」と言い合ったとき、会う寸前までそう思っていたことになり、過去から現在まで思いが継続、進行してきたことになる。などなどと説明しながら、それでは「会いたかった」は中国語でどのように表現したらいいのだろう、とまず男子学生に振ってみた。しかし恥ずかしがってなかなか答えない。別の女子学生に聞いてみると、〈想死你了《シアンスウニーラ》〉

ではないかと思います、と答えてくれた。

私はこれを聴いて、「へぇー、〈死〉なんて語を使うのか」と一瞬ギクッとした覚えがある。部屋に戻り辞書を引いてみると確かにある。「程度が甚だしいことを表す」とあり、「高興死了（うれしくてたまらない）」の例文が挙げられている。そういえば日本語でも「死ぬほど好き」という言い方があったかな、と思ったりもした。それ以来、「〜死了」と同じような「〜極了」という用法もあることに気づいたのである。〈好吃极了《ハオチーチーラ》〉（めっちゃうまい）はその後よく使ったのである。

以上のようないろいろな場面での中国語学習は天津滞在中つねに行われた。知人の運転する車に乗せてもらい、〈你开得很野蛮《ニィカイトゥヘンイエマン》！〉（運転が荒っぽいよ）と冗談を言っていたときに、なぜか一瞬その時頭に浮かんだのは、「开（開：運転する）」は「開水」や「花開」「開会」にも使う、一語に多くの用法があるのは、英語で言えばtakeと同じだと思い、帰ってから辞書で調べると、「開」には実に多くの用法があることを知ったのであった。

また、学生と待ち合わせのメールをやりとりするときに、よく学生から「不見不散」と打ってきた。これを見て一瞬にして意味が分かったのだが、中国語には「成語」という慣用句が実に多くある。卒業して天津を離れる学生から別れ際に「后会有期」と言われ、その場ではよく分からず、あとで辞書を引いて学生との友情を感じたこともある。レストランでは、私はよくビールを飲むのだけれど、中国人は冷たいビールを飲まない。そこで注文するときは必ず「冷たいの」と頼まないといけない。その言い方は〈冰的《ビンダ》〉とか〈涼的《リャンダ》〉で、これは一週間に数回は使うからすぐに覚え、発音もうまくなった。

その他にも、〈没关系《メイクァンシ》〉（かまわない）と〈没事儿《メイシル》〉（なんでもないよ）、〈对不起《トイプチー》〉（ごめんなさい）と〈不好意思《プハオイース》〉（申し訳ない）をどういう場面場面で使い分けたらよいか、その区別がよく分からないのである。そこでホテルの服務員や同僚とのやりとりの際に、その使い方に注意して自分もすぐに模倣するようにした。また私の悪い癖で、日本語でも「ありがとう」がすぐに出せないのである。中国人と相対していても〈不客气《プクーチ》〉（どういたしまして）や〈谢谢《シエシエ》〉がとっさに出ないことが多い。それを何とかすぐに言えるように努力することで、日本でもそれが以前よりも少しはましになった感じがする。中国語学習の成果はそういうところにも表れているのである。

四　日常的授業の実際

聴き取り作業の連続

私の担当科目は基本的には「聴解」であった。これからその定型的な授業方法を紹介してみたい。

まず一年生の教科書は最後の八期生を除いて『みんなの日本語　听力入門』であった。この教科書は一年後半になると進歩の早い学生には易しすぎるという欠点があるが、使い方によっては少し難しくできるし、もう少し難しい中級への橋渡しの教材を併用すれば、その欠点もなんとかなる。第二部の聴解タスクの計二五課は、各課四~五つの質問があり、それぞれに会話や説明文が流れ、それを聴いて絵入りの質問に答えるという形式になっている。その質問内容は簡単である。そこで、それぞれの質問に対応する音声を聴いて、その中に含まれている内容をすべて聴き取らなければ答えられないような別の質問を、授業者が読みあげて学生に書き取らせる。大体三つくらいしか質問が作れない。その三つの授業者作成の質問を書き取らせる時には、それに適した回答用紙を前もって用意し、学生に配布しておく。まず質問事項を質問文欄に書き取らせ、もう一度その課の音声を聴いて、回答用紙に設けられた解答欄に日本語で書くようにする。大体一時間の授業で、音声の内容に関する説明やそこに含まれる日本文化に関する情報、例えば相撲の話が出てくればそれについて簡単に説明するなどして、上記の質問聴き書きをやらせたりすると、授業冒頭の発音練習なども含めれば、大体一課の半分位で一時間が終わる。その回答用紙を回収して授業を終え、それに朱を入れて次回の授業に返却する。大体一課でA四サイズ一枚になる。

この朱入れ、中国語では〈修改《シウカイ》〉と言うが、二〇名の回答用紙に細かく朱を入れ、ついでにその学生の弱点、また授業中の態度などについて教師の意見を付け加えたりする。一年生のは比較的簡単であるが、次に紹介する二年生のは結構時間がかかる。一年と二年、あるいは二年と三年の二クラスの学期が多かったが、

授業中の作業（七期生）

三年の複数科目を担当して三クラス分受け持ちという場合もあった。一クラス二〇名の学生に、大体一週間で二回から三回、枚数にして二クラスで最低八〇枚、週によっては一〇〇枚、ひどい時には一四〇枚くらいをこなし、ほとんどの時間を修改と授業準備に持っていかれるという毎日であった。小学校の先生の苦労がしのばれるというものである。

二年生の「聴解」の場合はどうか。テキストは『中級から学ぶ日本語ワークブック』（研究社）で、一つの課は、「速読文・速読文読解質問AとBの各一〇問」「聴解Ⅰ（録音を聴いて八質問に答える〔三択を記号で回答〕：会話での言い方の練習）」「聴解Ⅱ（録音を聴いて一〇個くらいの質問に答える：日本語で書く）」から成っている。私の授業では、①速読文の音読　②速読文読解質問AとBの解答　③聴解Ⅰの八質問に答える（会話での言い方は簡単に説明）④聴解Ⅱの質問に答える。以上が基本的な形である。④は少し難しいので、最初は③までで一〇課くらいまで進み、その後は基本の形で進める。授業では、用意した課題ごとの回答用紙を配り、回答後は回収する。これを次の授業までに修改するわけである。一年生の修改と異なり、①はその場でコメントしたりするが、②の速読文読解問題の回答は文章で回答することが多いので、学生にも難儀だし、こちらの修改も時間が相当かかる。

「聴解」の授業だのになぜ読解問題などをやるのか、という疑問を抱かれるだろうが、「聴いて内容を理解する」ためには、文章の読解力に相当する能力が要請される。しかもその文章は活字で示されるのではなく、聴いて自分の頭に文章を浮かべそれを解釈する能力が必要となる。語彙力はもちろん、語法の能力も問われる。だから「聴く力」は他の「話す」「書く」「読む」能力に比べて少し性格を異にすると考えた方がよい。音声を聴いてそれを語彙力によっていかなる意味かを判断し、その配列を確かめることによって、一連の音声のまとまった意味を語法によって理解しなければならないのである。語彙力を増やし日本語の語の配列を確認し、文章の意味を解読するために「速読文」の練習がある。この練習と平行して、聴解というある音声のまとまりを聴いてその意味を理解し、いくつかのまとまりの間の論理的なつながりが分かるようにする練習がある。それが聴解IとIIなのである。Iでは主として会話体の比較的生活に根ざした内容、IIは文化・思想など少し抽象的な内容となっている。Iのほうは私の授業では三択問題を同時に二度回答させる。だから回答、採点とも簡単。IIは八〜一〇くらいの問題を文章で答える質問である。音声はテクストに付属していないので、予習はできない。終わった課の音声は、いくつかまとめて電子ファイルで学生に与え、復習させる。

Iの回答については、全二五課の回答用紙を私が独自に作成し、そのつど配布する。個人記録表として一覧となっており、これによって聴解力の伸長度が一目瞭然である。だいたい毎学年に共通するが、二年生の後半に入ると次第に二度とも全問正解が増加してくる。どうしても全問正解が獲得できない学生には、一年生の時のテクストの完全聴き取り復習を要請する。II

の回答ももちろん回答用紙に答えさせるが、速読文のに比べて比較的短い文章での回答となっているけれども、速読文問題に比べ、聴いた話の内容から自らが答えを組み立てなければならず、より高度な能力が必要となる。

学力伸長の著しい学生は、二年生に入るとまもなく比較的簡単な会話はほとんど理解してしまう。したがって授業での教師の日本語による説明もある程度理解できるようになるのだが、遅れている学生に対する配慮も必要である。IIのような、日本文化や思想的・抽象的な内容の問題は、イメージ化が困難な上に知識がまだ足らないために二年生の後半くらいにならないとうまく答えられない。これらについては比較的簡単な日本語で、たとえば茶道や日本の環境問題などについて板書も交えながら解説を加える必要がある。こういうところに、日本人教師としての日本文化や日本社会の実情に関する知識や考え方が必要とされるのであって、もちろんそれらを中国語で説明できればいうことはない。日本人教師の中国語能力が求められる所以である。

中国人学生の弱点

一・二年生の授業や、「修改」について述べたので、ここで中国人学生の日本語学習上の弱点とそれに対する私の指導法についてもふれておきたい。

〈美麗的花〉

まず最初に指摘すべきなのは、「美しいの花」というような、中国語で多用される「的」の用法に引っ張られた母語干渉的な表現。

本帰国間近のある日に、宮部みゆき責任編集の『松本清張　傑作短編コレクション』（文春文庫）を読んでいたら、思わぬ発見をした。「コーヒーブレイク①担当者の思い出」で、宮部氏が最初に「まえがき」のような文章を書いており、そこに「テレビの前で宮部が一人『あちゃ～』と顔を覆っているの図をご想像ください。」という一文がある。「顔を覆っているの図」がもし学生の回答に出てきたら、ただちに私が修改して、「の」の部分に朱で特大の×印を必ずつけて学生に返却することになる。もしこの文章を見たら、有名作家の文章にも間違いがあるのだと、東指導の中国人学生は思うに違いない。あるいは東が間違って教えていたのだ、と言うかもしれない。もしかしたら宮部みゆきは実は中国人作家で、そのペンネームかもしれないと言い出す者さえいるかもしれない。しかしこれを読んだとき私は、学生には見せたくないなと感じながら、戯作的な文章であってこれは日本語としても有りだな、と思った。この場合は、「図」を強調するためとか、少しふざけて言う場合にはあり得るのだ、というのが私の感覚である。

こういうことをわざわざ言うのは、授業ではいつも次のように注意していたからである。

《動詞や形容詞の次に来る名詞の前には「の」をつけないのが原則です。名詞と名詞をつなげる時の「の」はもちろんOKです。しかし中国語は違います。「美麗的花儿」、日本語で言うと「美しいの花」というような言い方が絶対です。これに影響されて、君たちの中にはよく「優しいの東先生」などのうれしい表現をしてくれますが、十分気をつけてください。これも「母語干渉」の一つでしょうね。》

こういう注意を何度もし、修改で大きなバッテンをつけて返却していると、かなりその誤りが修正されてくる。ただ会話ではついうっかりと「の」を入れてしまう学生もよくみかけるのであるが。

〈自動詞と他動詞〉

この区別にも誤りが多い。中国語では漢字一字で自動詞にもなり他動詞としても使用されるから、その語の前後の文脈で判断することになる。中国人日本語教師に聞いたところ、その誤りの克服はとても難しいですね、と匙を投げている感じであった。この陥りやすい欠陥は、日本語特有の「は」「が」「を」「に」などなどの助詞の使用法の誤りをも併発するので、厄介な問題なのである。一例を挙げると、「手をあげる」の意味で「手をあがる」といえば誤り。「手があがる」は正しい。しかしこれと同じ意味で「手をあがる」といえば誤りである。学生には

「日本語を精進する」という表現をする者が多い。日本語では「精進する」は自動詞のサ変で、助詞は「に」をとる。これを中国語で書けば「精修日語」となろう。学生からすれば、「做菜」の「料理を作る」と同様「日本語を精進する」となるのであろう。「憲法改正」を中国人は素直にどう読むだろうか、という設問をした場合、「憲法は改まり正しくなる」としか解釈できない。日本人のような意味にする場合は「改正憲法」とひっくり返さないといけない。ここに日中両国語の自動詞と他動詞の相違の一端が表れている。

〈敬語〉

学生が教師である私に「先生、通訳をしたことのある先輩を私に紹介してくれませんか」と言ったとする。読者にはこのような物言いはどのように受け取られるであろうか。私からすると、「〜していただきたいのですが」とか「〜していただけませんか」の方がよろしいとなる。「〜してもらえませんでしょうか」もまあいいか、という感じ。特に目上の私に向かって、しかもものを依頼しているわけだから、当然丁寧な物言いが要求されるだろう。「くれませんか」と言っていて「くれない?」とか「くれよ!」と言っていないのだから大目に見てあげたら、という声も聞こえてくる。しかしきっちりとした表現の基本は覚えておいた方が良い。

「敬語」、これはもう言うまでもなく外国人泣かせの語法である。まず右に挙げたような「やりもらい」と一般的に言われる「あげる・くれる・やる・もらう・いただく」などのものの授受に関わる言葉遣いにも学生たちは戸惑う。それはなぜかというと、日本人の間に存在する微妙な（先生と学生のように明白な場合はいいとして）上下関係を含む人間関係の有り様が言葉遣いに影響することがなかなか中国人には理解しにくいのである。中国語にも相手に敬意を表する、あなた様という「您」や敬老的な表現、また「謹」「請」などがあるが、それはそれで一通りの使い方に終始し、それほど紛らわしいことはない。これは後にも述べるように、中国人の対他関係が日本人のそれと異質であることからくるのであろう。二者関係はまだしも、三人以上の人間関係の中で敬語を使いこなすのは、日本人でもなかなか難しいのである。それと、尊敬の語を使うことは比較的容易で間違いが少ないのだが、謙譲表現などによって、自らを低くして相手に対する敬意を示す、という方法が難しいのである。そういう謙譲的な考え方は中国人にはあまりない（欧米系の学習者にもこの点は理解が難しかろう）のだから。謙譲表現の定着にはどのような学習の方法が適当なのであろうか、私にも妙案がない。

先日もある学生からメールが来て、私が返事の末尾に「ご健闘を祈ります」と書いた。するとその学生からの返事の末尾に、私に向かって「ご健闘を祈ります」と書いてある。ちょっと吹き出してしまったのだが、その学生は私をおちょくっているわけではない。私はその学生に、この表現は君が先生にでもなって君の学生にメールを書くときのために覚えておくのがよろしい、と書いておいた。私だって中国語でメールを書くとき、どんな場合に使用して良いかに迷う表現がある。日本語体験の場数を踏むより他に仕様がないのだろう。

〈時制〉

私には中国語の時制の表現の仕方がまだ十分習得できていないのだが、日本語を母語とする者から見て、以下のような表現はやはりおかしいのである。中国人学習者は、この時制について、母語と日本語の表現の相違を十分練習して体得するようにしなければならない。例えば、ある学生の一月五日付のメールを修改して、つぎのような返事を出した。

《「昨日Aさんと相談しました。一月一〇日私たちの試験とレポートが全部終わりました。先生と会うのはそれからにしましょうか。」は、「昨日Aさんと相談しましたが、一月一〇日私たちの試験とレポートがすべて終了します。先生と会うのはそれからでいかがでしょうか。」とすべきです。「終わりました」は「終わります」という現在形にしなければいけません。今日から見て一月一〇日は将来のことだから、「終わりました」と言ってしまうと、今日よりも前の過去のことになってしまいます。うるさいことながら、「です・ます」「でした・ました」の相違は日本語の時制として重要です。》

とまあ、いつもこういう風に修改するのである。ただ文章によっては、過去の時制を表す際にも現在形で書く場合がある、こういう場合は誤りではない、と自信を持って言えるようになるには、日本人でもかなりの修練がいるのであるが。このような時制の表現を誤りやすいのは、中国語では時制が前後の文脈から判断され、それを表す助詞や副詞などの使い方にあまり依存していない孤立語独自なものであることに起因しているのかもしれない。助詞などを使ってそれらを表す膠着語としての日本語習得の一つの難点であるのだろうか。

その他として、ここに追加しておきたいのは、決して中国人の学習者だけではないし、日本語学習だけでもない、むしろ語学学習一般の問題としてのものである。それは「語感」である。言葉の持っているニュアンスというか、感じの問題で、これこそ五官をフル動員して探り出さねばならない。かつてよくできる学生が私に言っていた。「日本語を学び初めて一年すこし経ちますが、この頃よく感じるのは、ある言葉と別の言葉がどのように相手に与える感じが異なるかがよく分からないし、日本語の文を読んでいてこの言葉はいったいどのようなニュアンスで用いられているか判別しにくい、という悩みです」と。「ついに」「いよいよ」「とうとう」などの語のそれぞれのニュアンスの違いを用例にたくさん当たって感得したほうがよい、と最近ある学生に注意したばかりである。しかしこの語感の問題は、母語話者にとってもそう簡単ではないのであるが。

まだまだ他にもあるが、私が感じた中国人学生の誤りの多いこの「美麗的花」「自・他動詞」

「敬語」「時制」の四つは、中国で日本語を教えていれば誰でも気づくことで特に取り立てて喧伝することはないが、いちおう触れておく。

五　私の授業実践例――学生が身を乗り出す授業を目指して

天津師範大学では、九月からの一年を前・後の二期に分け、各期はそれぞれ約一八週、試験期間を入れると一九週である。七月初めに第二学期は終了する。日本の大学の学期は一五週だからそれに比べて相当長い。教師も学生も疲れてきて、中だるみが生じる。また学期だけではない。一週間内でも学生はかなりのコマ数の授業を受けている。そこで授業にもいろいろと学生にこちらを向かせる仕掛けを用意しなければいけない、というよりもした方が学生の集中力や関心を高めることができる。

ラーメンをご馳走する

いろいろと工夫をしたが、例えば、一年生の聴解。授業冒頭の発声練習が終わって、「今日は授業の最後に皆さんにラーメンをご馳走します。」とゆっくり繰り返して宣言する。学生達は、どうやってというような顔をする。もしかしたら〈外卖《ワイマイ》〉から取り寄せてくれるのかな、という期待を持ったような顔をする学生もいる。「外売」というのは、弁当などを配達してくれる店のことで、教室のある建物の入り口まで配達する。学生達はよくこれを利用している。大体二〇元（三四〇円）くらい。さていつもの授業が進むが、彼らの顔を見ているとどうもラーメンのことが気がかりらしい。次はこの作業、と言うこちらの指示が変わるごとに、緊張した面持ち。そしてとうとう授業の終盤になって、こちらはおもむろに「チキンラーメン」を一袋取り出し、チキンから説明して調理法に及ぶ。それから袋ごとバリバリと押しつぶす。そして袋を開けて私がひとつまみ食べ、班長に渡す。みんなで食べて下さい、と言って、ハイ授業を終わります、とニヤニヤ。学生たちは何だ、という顔をするがそれでも日本の食品であるチキンラーメンに興味津々であった。

ビンゴゲームの活用

また、日本の数詞の初歩を学んだばかりの一年生に、それを定着させる一方法として、ビンゴゲームを活用したことがある。中国の学生はビンゴをほとんど知らない。日本から持って行ったビンゴのカードはたくさんある。それを二回か三回練習してから、いよいよ本番。これも一時帰国の際に買ってきたチョコレート菓子などを景品にして、番号を出す器具は面倒なので、紙に一〜七六の数字をメモ用紙に書いて、読み上げたはしからその数字を消しながら続ける。

練習しているし、景品があるのでみんな必死。ほとんど間違えない。かくして数字の聞き取り練習は成果を上げたのである。ただこれは一回限りのことで、次の時間からは、三桁以上の数字の聴き書きを課すことになるのであるが。

童謡・唱歌を聴く

日本の童謡や唱歌を聴いて、書き取り、その歌詞の解釈を作文させ、朗読させることも試みた。「日本の歌　ベスト一〇〇」というCDがある。童謡・唱歌・叙情歌やちょっと古い時代の日本の名曲とされた歌、例えば「むすんでひらいて」「富士の山」「さくらさくら」「春の小川」「故郷」などなどを収めており、天津で活用しようと日本で求めてきた。しかし歌詞がむずかしいのである。「むすんでひらいて」などは私でも中国語に訳せるけれど、文語的な表現が唱歌などには多く、ましてやいくつかの子守歌の民謡などは方言が多く、教材としてはなかなか厄介なところがある。まあそれでも、日本語の調子のようなもの、日本の情緒を感得してもらうためには、聴かせるだけでもよい教材もある。「むすんでひらいて」や「富士の山」は、一年生用として、まず聴いて書き取らせる。「むすんでひらいて」は中国語の訳を作り、手を使って歌詞の後を追って遊戯をするという展開になる。「富士の山」は書き取った後、中国人教師に翻訳してもらったものを黒板に掲示しながら解説をする。そして歌を覚えてしまうほど繰り返し聴くのである。

「さくらさくら」「春の小川」「故郷」などは、聴きながら解説を加えるにとどめる。「はるのおがわはさらさらゆくよ」の「さらさら」などは、ご存じオノマトペとして特に取り上げ、血がサラサラの人に比べ、ドロドロと流れている人は脳梗塞や心筋梗塞になりやすい、などと余計な解説まで加えることになる。しかしこういう種類の曲よりも、学生がよく見ているアニメの主題歌などをもっと取り上げた方が学生に興味を持たせることができたであろう、などと今になって後悔しているのである。

和歌や俳句はむずかしい

ついでに言うと、外国人に日本語を教えるとき、俳句や和歌、そしてエッセイとして日本人に定評のある「天声人語」などを教材に選びたがる人が多い。しかし私の見るところ、そういう材料は外国人日本語学習者、特にまだ習い始めて日にちがたっていない初心者にはきわめてむずかしいと思う。実際に私のクラスの集中講義で俳句や天声人語を取り上げたある教員が、よくできる学生から「先生の授業はとてもむずかしい」といわれているのを目睹したことがある。それらに使用されている語彙は難解で、学習者は多く辞書を引かないといけないし、独特の言葉の使用法が含まれており、また文学性というか文章の奥行きが深いので、学生には手におえないのである。これが数年日本語を学び、日本に居住した経験があって日本人の感性をある程度理解できるようになった学習者であれば、大いに日本語能力の深まりに資することができるだろうと思うのだが。事務室にはもちろん「百人一首」・古今・新古今や俳句集を取りそろえているし、「天声人語」で学習をしたいと思う学生のために、私の赴任以降ずっと自宅の朝日新聞配達店に頼んで、月毎の特集版や英語版を天津に運んで取りそろえてあった。ただ授業では使わなかったということである。

絵図で聴き取りを表す

またある方法で聴解授業にアクセントをつけてみたことがあった。それは一期生の教育実習時の参観授業であった。少しでも教育実習生の参考になるようにと考えた結果である。二期生の学生に対して、いつものような練習問題で、教科書の中の比較的長い会話を聴いて、その内容を絵やマンガで表す作業を課したのである。絵が書けない人には、円や三角、曲・直線で表すように指示した。日本語の話を聴いてその場面などをイメージできることが大切である、と常日頃言っていたので、それを実際に絵図に表現させたのである。

現代の学生は文字や言葉からイメージを作ることが苦手だ。それは活字を読まない習慣の影響によることが多分に考えられる。聴いた言葉や話しから脳の中にイメージを浮かべる能力を鍛えるためにも、こういう方法が必要ではないか、と思ったわけである。次回の授業で答案を匿名で紹介しながら、最も私の意に叶い、よくできている答案を最優秀として褒めちぎった。そしてこの人のように、皆さんも今後みずからの頭の中にあるイメージを文字や言葉でも良いし、絵や図でも良いので、上手く表現できるように努めてほしい、と激励したのである。褒められた学生は普段の聴解の授業でも耳が良いので比較的聴き取りが上手いのだが、語法や読解などはあまり成績が良くない。しかしアニメが好きで、特技としてマンガを書くことに長じている学生であった。しかしその時の褒めちぎりが影響したのか、その後その学生は音読を必死に行い、語法や読解にも一定の進歩を遂げ、それまでにはとても無理だろうという我々教員の予想を裏切って、三重大留学前の一二月のN1試験に見事に合格してしまったのである。

歌謡曲の聴き取りと解釈

「聴解」という能力はただ断片的な音声を聴いてその音声の意味を理解するだけでは成り立たない。あるまとまった音声の塊が何を表現しているかを瞬時に解釈しながら了解しなければならないのである。そういう能力を鍛えるためには、いろいろな内容を構築している音声をまるごと聴いてその構築物を「解体」しながら理解していく練習が必要である。その練習の一つとして、歌の聴き取りとその解釈がある。

私が実践したもののうち、初級段階の童謡などはすでに紹介した。以下に示すのは、学年も進んで日本語読解力もかなり進歩してきた段階で日本の歌謡曲を聴いてそれを解釈させた授業である。三曲ある。小田和正「風のように歌が流れている」、イルカ「なごり雪」、そして長渕剛の「乾杯」である。いずれもやや古い歌で、現代の中国人学生が聴いたことのあるはずがない（長渕のを除いて）ものである。

まず小田和正。この歌は小田の数ある歌の中で私の好きなものの一つである。ゆっくりと明晰な発声で歌われており聴き取り教材に適していると思う。ただ歌詞の解釈で少し難しい部分があり、私もよく分からない。それでもわかりやすい部分を選んで、設問することにした。授業は以下のような順序でおこなわれた。

① 始めから終わりまで、二回聴く。学生には、A四の用紙を渡してそこに歌詞を書き取らせる。漢字の分からない場合は、かまわず仮名で記入させる。

② 次に、何人かの学生に自ら書き取った歌詞を音読させ、書き取れてない部分はそのままにする。

③ もう一度全曲を聴き、歌詞をOHPで示し、朗読させる。難しい単語を解説する。

④ 次に、私からOHPで質問事項を提示し、書き取り用紙の裏側に自由に回答を書かせる。

【以下の質問に、想像をまじえて、自由に答えて下さい。】

(1) この歌詞を作った人（以下「作者」）は、恋をしましたか。その恋はどのようなものだと想像しますか。
(2) 作者の住んだ街は、どんなところだと思いますか。
(3) 風のように流れている「うた」はどんな歌だと思いますか。
(4) この歌は、全体的に何を歌いたいのだと思いますか。

⑤ 最後にもう一回聴く。
⑥ 回答用紙を回収して、(1)～(4)の東の解釈を述べる。

実はこの授業は二〇〇九年一二月三〇日に行われた。当時、三重大学教育学部教員訪問団が天津に来ており、私の授業を見せてほしいという申し入れがあった。教員団の中には、赴任当初の私の授業を観察してダメだとおっしゃった授業論の大家や日本語教育の専家も混じっており、私としてはすごく緊張したけれども、リベンジのチャンスだと思い、思い切ってその申し入れを受けたのである。授業後、授業論の大家から「東先生、授業がうまくなりましたね」と褒められたのである。とても嬉しい気分になったことを今でもはっきりと覚えている。回収した答案についてはまたいろいろとあるけれども、長くなるので割愛することにしたい。

次は「なごり雪」である。この授業も、小田和正のと同じような過程を踏んだが、一つだけ異なるのは、「駅で別れた二人はその後どうなりましたか。なぜ別れなければならなかったかも含めて、あなたの自由な物語を創って下さい。」という質問を曲を聴いたあとに課したことである。これは単なる作文能力を問うだけではなく、歌の解釈も含めて、想像力を問うものでもある。結果はあまり突飛なものはなかったが、東京以外の大学合格のためなど、それなりに整合的な物語を書いてきていて、このクラスの質の高さを感じた次第である。ちなみに私の「模範物語」は、造り酒屋の一人娘が跡取りの養子と結婚するために都を離れなければならなくなるのだが、男が意を決して次の列車で彼女を故郷まで追いかけ、造り酒屋の両親を口説いて……というやや陳腐なものであった。こういう話柄も時代がかっており、田舎の造り酒屋や婿取りなどの説明が結構難しかった。

さて三番目の長渕剛の周知の歌。実はこの歌は「跟往事干杯」という曲名で台湾の歌手姜育恒が歌っている。もちろんオリジナルは長渕のものなのだが、そういう意味で年配の中国人には少しは知られているのである。授業ではまず私の実演から始め、この歌がよく結婚式で歌われることを知らせた。書き取りはいちおうはさせたが、早々と歌詞を学生に示し、歌の意味解釈に重点を置いた。いろいろな語句について質問をしながら、「要するに、この歌を結婚式で歌うことが適当であると思うかどうか、その理由を付して答えなさい」という設問に絞った。

というのは、この歌を歌う人の心情がどのくらい理解されているか、を試したかったからである。旧友の結婚を喜びながら、少しの寂しさを感じている人の気持ち、これが分かるかどうかである。しかしこの課題は、どうして結婚式で歌ってはいけないのか、実際日本では歌っているのであろう、という思いが先走ったためか、こちらが期待するような回答がなかなか出てこなかったのである。

このような歌謡曲を取り上げる授業は、教科書に沿って毎回同じような練習をする学生にとっては、新鮮さがあることは間違いない。ただ取り上げる歌曲が学生の心情に切実な内容の歌詞であることが望ましいので、現代的な、若者が好みそうな歌を選ぶべきであろうか。

日本語学習の中で日本文化も

日本文化についての指導をめぐっては、いろいろな考え方があろう。実際天津でも、私の妻にお茶道具などを持って来てもらい、学生に茶を飲ませるなど実演してもらったりした。また、師範大の国際教育交流学院では各国の留学生がたくさんいるから、日本文化の学習のために、三重県の高校教員でお茶はもちろん生け花や和服の着付けにも心得のある方に頼んで講演実習会を開催したりした。我が三重班の学生も当然それに参加したことがある。このように、日本文化の中でも代表的な分野についてそれ自体に即して紹介、実演するなどの指導法も当然あり

茶道実演一齣

得る。DVDを用いての映像による興味関心の引き出しは最も常套的な手法である。しかし日本語の学習の中でどのように日本文化、日本社会制度との関連をつけて日本語の解説をするか、という点にもいろいろと神経を払わざるを得ない。茶道の場合には必ずと言っていいほど「一期一会」が登場する。「阿波踊り」の説明には、DVDで実際にその様を見せるに越したことはないが、日本の盂蘭盆会の伝統・送り火などにも触れざるを得ない。教科書に相撲の話が出てきたら、相撲に関わる日本語、上級学年であれば土俵、しこ名、横綱や関取、千秋楽などなどの角界用語の解説もなさるべきであろう。

私が毎年恒例として扱ったのは、結婚に伴う改姓や夫婦別姓の問題である。一年生の聴解の教科書に、日本人が結婚する場合男性か女性どちらの姓にするか、という内容の聴き取り問題がある。その際には日本の新婚夫婦の「苗字」について触れなければならなくなり、新規の姓にすることも可能などと説明したりする。これには学生は一様に驚く。ご承知のように、中国では夫婦は別姓であり、張さんと李さんが結婚してもどちらもそのままの姓を名乗るのである。女性が李さんの場合、張李という言い方が一昔前においてはあり得たらしいが、現在ではないだろう。夫婦別姓は韓国でも同じであり、これは中国・韓国と日本の家族・親族構造の相違に関係しているのである。中国の場合は、男系中心の考え方が基本なので、男女ともそれぞれの宗の一員であることを生涯示す必要が「血が混じることを嫌う」理由によって生じるのである。中国では「同姓不婚」「異姓不養」という原則が古来貫かれてきたのだが、同姓同士の婚姻もあり、どこの馬の骨か分からない人でも養子に迎えることがある日本人にとって、そういうことが驚きであると同様、中国人にとっても日本人の婚姻に際しての流儀が理解できないのであろう。ある学年でその説明が必要になった時、たまたま一番前に座っていた呉慧という女子学生がいて、私が「例えば私と呉慧（ウーホイ）さんが結婚したとしましょう。呉慧さんはおそらくは東慧（トンホイ）と名乗ることになり、一生死ぬまでトンホイさんで過ごすことになります。」と説明すると、そんなぁ、というようなやや抗議を込めたような声がわき起こったのである。

このような例は枚挙にいとまがない。一つ一つの言葉が包含している意味の理解にとって、日本語の持つ表面的な意味のみならず、その背景にある文化や社会制度の相違にまで理解を及ぼすこと、これがなかなかむずかしいのである。

上級学生から「弁当をひろげる」という表現はどうして「ひろげる」というのでしょうか、と質問されたことがある。弁当をあまり使わない中国人にとって、「お重」という容器は想像もできないのであろう。着飾って花見や山野水辺に遊ぶかつての日本人の娯楽には弁当がなくてはならないもので、花見の野外で毛氈か何かを引きつらねて、重箱を広げるところから出てきた表現だと思います、コンビニで買ってきた弁当とは違う立派な重箱を敷物の上に並べる、ここから「ひろげる」が生まれたのではないかと思います、と咄嗟の思いつきでおそるおそる説明すると、なるほどと納得してくれます。コンビニで買ってきた弁当では「ひろげる」の理解はむずかしい。言葉の背景にあるモノや様子の変化にともない、言葉と実態との一定の乖離が生まれることはやむを得ないのである。こういった例は他にもたくさんある筈である。日本語学習の中で、日本文化の一部としての日本語を学びながら、日本文化の種々相を深く知ることが、日本語そのものの理解を深めることにつながることは言うをまたない。

また弁当のような具体的なものに限らず、「晴れ着」を説明するときの「ハレ」と「ケ」の相違に触れれば、日本人の生活感覚や時間意識についてもより深い了解が得られることになる。こういう事柄を「教える」立場に立つと、それまでの浅薄な日本文化の理解では刃が立たなくなるのである。例えば、義理と人情、武士道精神、気配りと察しの文化、恥と甘え、「もののあはれ」や「みやび」などなど。しかしこれらは隣国の中国や韓国のそれらとの比較によって講じた方が日本文化の独自性が際立つことになる。また、学生に高度な日本語能力がないと理解不可能の面があり、また教える側にも相当な知見と教養が求められるから、初歩的な日本語教育の段階では少し無理があるのかもしれないが。

卒業生の教育活動から学ぶ

二期の卒業生に楊苓という天津市の日本語学校で教師をしている人がいる。ある時、彼女が遊びに来たことがあった。その時、彼女のクラスの生徒から、「食事中」の「中」は「チュウ」と読み、「一日中」は「ジュウ」と読むのはどうして読み方が違うのか、という質問を受けたのだが、先生どのように答えたら良いでしょうか、と尋ねられたのである。その時いちおうの答えを述べたのだが、別れてから考え直して、以下のようなメールを彼女に打ったのである。

《「中」の読み方、「ちゅう」と「じゅう」の相違について、部屋に戻ってから、私の説明の仕方にはやや思いつき的なところがあったことを反省したのでつけ加えます。「ちゅう」の方は、中国語で言えば、「正在…」のニュアンス、「食事中」はぴったりです。「じゅう」の方の、「今日中」や「一日中」は、ある一定の時間の広がりの中のその時間的な範囲すべてを、「世界中」や「大学中」などは、一定の空間的な範囲すべてを含めて言う、という風に考えたらどうでしょうか。ご一考下さい。》

その後、授業中にこの話をして、「君たちはちっとも質問しないが、日本語学校の学生さんの方が意欲的だね」などと少し嫌みを言い、整理した「中」の読み方をパワーポイントで提示して説明したのである。もちろんこの資料を楊苓さんに送ったことは言うまでもない。

以下は、その整理した資料の内容である。〔　〕で囲んだ一〇個の熟語については、パワーポイントの第一ページ目で、分類して読み方と分類理由を示せ、という問題形式になっている。いかがであろうか。遺漏なきを期したのだが。

〔一日中・今月中〕ジュウ：示された時間的範囲すべてを示す。今週中・年中無休
〔世界中・大学中〕ジュウ：空間的な範囲すべてを示す。日本中・教室中
〔食事中・勉強中〕チュウ：漢語の「正在…」の意を示す。停車中・入院中など

〔的中・中毒〕チュウ：「あたる」の意味。
〔意中の人・寒中水泳〕チュウ：内部を示す。「眼中にない」「暗中模索」

【残された問題】

1．〔中指ナカユビ〕ナカ：真ん中・中休み　center の意。しかし〔中央チュウオウ〕は center の意でありながらチュウと読む。〔中心〕〔中間〕も同じ。「ナカ」は和語の可能性
2．〔中身ナカミ〕はナカと読みながら、〔意中の人・寒中〕と同じ「内部」の意味。
3．〔期間中〕は時間の範囲すべての意味であるのに、ジュウと読まずチュウと読む。

三重大の講義を聴く

聴解の練習として、三重大での自分の授業を再現することも試みた。三年生になり、もうじき三重大へ留学する学生にとって講義がどんな風かを体験させるのが狙いだ。集中講義である程度なれているので大丈夫だろうが、こちらも自分の専門に関連した話を吹聴するつもりで、聴いてもらいたいという気持ちから生まれた試みである。講義は三重大でやっていた「小学校専門社会」というもの。小学校で社会科を教える際の教材などについてのあれこれがこの授業で講ずる内容である。二〇〇七年度に三重大で実際に行った講義で、題して「なぜ百人一『首』か」。以下はその概要。

この講義をするきっかけは、卒業生で亀岡市の中学校の社会科教師をしていた木下浩子さんからの質問です。社会科の授業で『『万葉集』約四千首、仁徳天皇皇后の歌とされるものから淳仁天皇時代の歌（七五九年）までの約四百年間の、長歌・短歌・旋頭歌・仏足石歌体歌・連歌ならびに、漢文の詩や書翰を含む」と説明したところ、生徒から、約四千首というようになぜ「首」というのか、との質問があったとのこと。自分で調べたが分からない。それで大学時代の指導教授の東にメールで尋ねてきた。

中国の南北朝時代の南朝の最後の王朝である梁の昭明太子によって編まれた『文選』ではすべて「首」を使用。唐代にはほぼ量詞として用いられていることが確認できる。これが我が国にも入ってきて、万葉集の歌などを数える量詞として用いられた。問題は、「首」が中国の歴史の中で量詞として使用された時期および理由である。なぜ「首」が歌謡や詩を数える量詞として、少なくとも漢代までは用いられていた「篇」にとって代わったのかである。

首を頭と解すれば、量詞として使用されたことも理解できないことはないが、しかし、首には「自首」の熟語があるように、感情や思い、志や思想を述べるという意味がある。実際に後漢末に生起する黄巾の反乱集団、太平道教団では構成員に「跪拝首過」（『後漢書』列伝六一皇甫嵩伝）させていたし、三国志巻八張魯伝に五斗米道教団についての記述があり「有病自首其過、大都与黄巾相似」ともある。首過つまり己の過ちを告白すること、懺悔させることによって、病気や精神的動揺を克服させる教法を持っていたことがわかる。

ここから推論すれば、漢代では「篇」という量詞で文章や楽府・賦などがカウントされていたのだが、後漢末期頃から次第に詩文を作ることが「自己の思いや志を首《の》べる」ものと意味づけられるようになり、「首」が詩文をカウントする量詞として定着するようになり、『文選』編纂の頃にはすでに「篇」などは用いられなくなったのではないか。

以上は、東の仮説であるが、もしこれが認められるならば、更に以下のことが言いうるのではないか。後漢時代頃から、それまでの「賦」の特徴であったザッハリッヒな表現から、人間の内面の声に即応する文学形式へ、特に「詩」の分野にそれが顕著となり、六朝時代を通じて発展し、ついに唐代の卓越した詩の世界を現出せしめることとなったのだと。とするならば、後漢から三国にかけての時期は、中国史における重要な転換期と言うことも可能である。

この三重大での講義のミソは、小・中学生であれ、誰であれ、単純な事柄にも疑問を呈することが大切であり、それが意外に大きな問題を解いていく鍵となる可能性がある、したがってこの講義を聴いている小学校の教員になろうとする学生諸君は、子供の何気ない、一見つまらないと思える疑問をも大切にしてほしい、そしてそれを一緒に考えていこうとする態度でもって教壇に立ってほしい、というにつきるのである。「首」が東の言うような理由で量詞として成立したかどうかはそれほど重要ではないのだと。

天津の学生はどうであろうか。彼らにとって、自国の歴史に関わることであるから、日本人学生とはまた異なる対応を示すのではないか、という期待を持っていた。その前に私のこの日本語による話の基本を理解できたかどうか、であろう。大方の学生は大体理解したようであった。授業後、ある学生がわざわざ私のところに来て、先生の講義は素晴らしかった、と言ってくれたのには、さすがに心中嬉しかった記憶がある。

日中文学比較論争

二期生が二年生の時の聴解の授業でのこと。どういう話のつながりだったかは忘れたが、日本の平安文学、特に和歌の世界における男女の恋愛感情の濃密さ、その表現の初々しさや真率さに感嘆しながら、これと比べると中国文学には恋愛文学とも言うべきものが見当たらないですね、そこが日中古典文学の相違の一つかもしれませんな、などと偉そうに宣っていたのである。

すると突然ある女子学生がさっと挙手して、「先生、中国にはコンチュエトンナンフェイという文学作品があります。」とおまえは知っているか、知らないだろう、という気味の発言をした。おそらく自国の古典文学を愛する気持ちからのやむにやまれぬ一挙だったのだろう。勇気のある学生だった。それを聞いていた他の二一名の学生たちは固唾をのんで私の返答を待った。そこには明らかに、中国伝統文化を背負った若者と、日本文学を持ち上げている（と誤解されていたのだが）老日本人教師の対決、という緊張した雰囲気が流れていた。私はおもむろに、「あぁ、クジャクトウナンヒね。僕は読んだことがあります」と答えると、「へぇー」とか「ふーん」という感嘆ともため息ともつかぬような、と「僕」が勝手にそう感じただけだが、教室全体がそういう雰囲気に包まれてしまったのである。東をちょっとやっつけてやろうと思った学生の鼻っ柱を折ってしまったという感じであった。

「孔雀東南飛」（岩波文庫『玉台新詠集』上に収録）と分かったのは、挙手した学生の発音の中で「トンナン」は割合はっきりと、「フェイ」はもしかしたら「飛」かなくらいにしか聴き取れなかったのだが、男女の恋愛からして「孔雀東南飛」しかない、と直感的に思ったまでで、それが当たっただけである。しかし学生諸君には「日本人教師としてはなかなかやるじゃん！」というある種の驚きをもたらしたようなのである。それから私は、それでも「孔雀東南飛」は平安文学の恋愛至上的な文学とは異なることを説いて、確かに中国にも『詩経』以来男女の恋愛に関する詩篇はあるし、史書においても司馬相如夫妻のような熱愛関係を叙したものがあり、その後時代が下っても『紅楼夢』のような作品が生まれたから、男女の恋愛に中国文学が無頓着であったとは言わないけれど、しかしやはり中国文学の主流というか基本は、士大夫による自然と人間、政治を中核とする人間関係などが対象であって、「孔雀東南飛」においてすら親子の孝や、兄弟姉妹関係など、いかにも儒家的・家族倫理的な考え方が背景に横たわっている、とても平安文学と同日に論じられないのではないか、と述べたのである。

学生諸君は私の板書を観ながら、ゆっくりと、しかし少しあわてている私の説明を聞いても、まだ腑に落ちないという感じのままでその場は終わった。それでも私の説に疑念を抱いていたのであろう、私が「コンチュエトンナンフェイ」と発音すると、私の発音が中国語音ではないといわんばかりに、孔雀を表す「コンチュエ」の発音をほぼ全員が口をそろえて繰り返し、私の発音を訂正しながら鬱憤を晴らしているかのようだった。

日本映画鑑賞会

また映画鑑賞会を、最初の頃は金曜日の放課後、新キャンパスに学生が移住してからは授業時間内に開催して、大いに日本映画の宣伝を行った。天津赴任の二〇〇九年頃に比べて、急速に日本映画、特にアニメーション映画のインターネットを通じた鑑賞の機会が増大した。「盗版」と呼ばれる海賊版も盛んに出回り、私も日本のテレビドラマ「東京ラブストーリー」は日本では観られなかったのだが、小田和正の歌から引き寄せられて海賊版を借りてその恩恵に浴したことがある。そのほかにも、学生に人気のあったのは、各種のアニメはもとより、同時進行的な日本のテレビドラマで、ネットでダウンロードして観ている学生も多かった。

私が一時帰国の際に学生に対して観たい映画があればＤＶＤを買ってくるから、と油断して言ったところ、多くの要望があった。すべてに対応できなかったが、日本のＤＶＤは高いので、山の神におしかりを受けたこともある。私の趣味で選んで持ち帰ったものを映画鑑賞会で流したのである。映画鑑賞の際には若干の解説を加えることはあっても、それを学習として扱うことはしないで、映画祭として楽しむことにした。いま手元に二〇〇九年九月～二〇一〇年一月の前学期映画鑑賞会のチラシが残っている。それによると、ほぼ毎週金曜日の午後に八里台キャンパスの三重日語班固有の教室で行われている。選ばれた映画は、以下のごとくである。

「武士の一分」「最后的愛　最初的愛」「世界の中心で愛をさけぶ」「ALWAYS 三丁目の夕日」「ALWAYS 続・三丁目の夕日」「北の零年」「君はまだ無名だった」「踊る大捜査線」「あの空をおぼえていますか」「たそがれ清兵衛」「蟬しぐれ」「おくりびと」「千と千尋の神隠し」「涙そうそう」「東京タワー」

その後、テレビでの放映を録画したものも含めて日本から持っていったＤＶＤは増加しつづけた。アニメを含めると六〇数本までになり、これらのタイトルはすべてエクセルでリスト化して学生に配布し、事務室で借りて自由に観ることができるようにした。

これら多くのＤＶＤの中で、「最后的愛　最初的愛」だけは私自身が管理し、その後ずっと三期生から八期生まで授業の一環として学生に鑑賞を強制した。その時期は、一年生の聴解の最後の授業である。というのは、日系企業日本人会社員と中国人ホテル従業員女性とのラブストーリーであることはともかく、この映画の中では、日本語・中国語・英語が用いられており、この三カ国語をマスターできたらいいよね、といういつもの私の学生に対する期待にぴったりであったこと、さらにこの映画に出演している中国人たちの日本語の発音が、学生達の発音練習にとって反面教師となっていることである。一年生の日本語学習の総括として、日本語の聴力と自分の発音のレベルをこの映画の鑑賞によって確認してもらいたかったからである。二人の人気女優、徐静蕾と董潔もよかったけれど。

英語とカタカナ語を覚える

日本語は漢字・ひらがな・カタカナによって表記される。現在の日本語の語彙の中で次第に増えつつあるのは、カタカナで表記される外来語であろう。外来語にはいろいろな外国語があるが、やはり英語のそれが一番多い。私は、日本語の語彙数を増やすためには、カタカナの外来語をたくさん、英語の学習と関連させながら覚えることが必要だと思い、学生にもそれをくどく説き、実際の授業でも、日本語のカタカナ語と英語の単語双方をつなげて覚えさせるような方法で練習させたことがある。ベッド、キャットなどから始まり、インターネット、コミュニケーションなどの多用される現代用語を、まずは二〇個くらいのカタカナ語をＯＨＰで示し英語で筆記させる。次に前回と違う英語の語彙を示してカタカナ語で表記させる、という練習である。これからの日本語は外来語が増大の一途をたどるから、こういう練習は日本語学習に欠かせないものになるのではないか。この練習方法の授業での実践は、八年間の滞在期間の最後の二年間に行われた。

六　指導の基本的考え方

日本漢字の学習

ある答案に朱を入れていた時、「見学」に「ミガク」とルビを振る学生が多いのに驚いたことがある。もし仮に、この読みで学生が「見学」を覚えていたら、「皆さん、それではこれからスーパーの見学に出かけましょう」と引率の先生が言ったとしても、何のことか分からないのではなかろうか。また、「磨く」との相違を会話の中でどのように区別するのであろうか。私の考えでは、中国人学習者は漢字の意味をよく知っており、漢字仮名交じりの日本語の学習には、欧米や漢字を用いない地域の学習者に比べて有利である。欧米系等の学習者は、最初は、「ケンガク」という音で「見学」の意味を想起するのであろう。その上で次第に漢字を覚えて、「ケンガク」は「見学」あるいは「建学」だと覚えていき、作文にもそれを書き込むことになろう。しかし中国人学習者は、「見学」や「建学」の文字を見ただけで大体その意味を了解してしまう。日本語教育専家の一般的な方法はよく知らないが、おそらくは、このような世界各地域における基礎教育や文化の相違を踏まえた方法論としては現在の日本語教育の方法はまだ十分になっていないのではなかろうか。それは「音」から「意味」を取り出す方法であって、英語教育論の方法を下敷きにしているのであろう。甲骨文字の読解についても、音と文字（字形）のどちらに重点を置くか、という基本的な対立があるが、日本語の漢字仮名交じり文（将来どのような形態の言語になるかどうかは分からないが）の現状に即した教育方法がもっと重んぜられる必要があるように思う。つまり漢字をどのように日本語学習者に学習させ、それが日本語の習得・理解にどのような役割を果たすかを方法的に検討すべきであろう。

私は二〇一五年一月一日付けで『総合漢字練習帳』なる冊子を師範大の好意によって印刷に付し、学生の練習用に配布した。A四判の総一七〇頁。その「まえがき」に次のように書いた。

《「ここに『総合漢字練習帳』と題する一冊子を編集する趣旨を、その作成の経緯も含めて箇条にして示す。

① 中国人日本語学習者にとって、日本語に用いられる漢字は簡体字ではないといっても、

それらの字形や意味はだいたい了解されるものである。しかしここに中国人日本語学習者の「陥穽（カンセイ　落とし穴）」がある。

② 日本語の漢字や漢字熟語には、いろいろな読み方がある。音と訓、呉音・漢音・唐音の相違、連濁や熟字訓など慣用的な読み方、などなど、単漢字や熟語にはきわめて複雑な読法が付随している。中国語のように大体一漢字一音とは異なる。

③ 日本語は漢字仮名交じり文によって表記される言語である。朗読の文章を聴いたり、会話において相手の発話を音声でキャッチする場合、日本漢字の正確な読み方や、その音声を知らなければ、日本語の文章を正しく理解したり、自分や相手の表現内容を正確に伝え・聴き取る、つまりコミュニケーションを成立させることなどできはしない。

④ 三重大学で留学生を指導していた時のことである。文章の読解は一応できるし、日常会話においてもそれほど問題は生じなかったが、いざ日本語の文章を音読したり、漢語の専門用語を多用する講義を聴く段になると、中国や韓国の留学生はたちまち行き詰まるという傾向を示した。日本漢字を正しく読むことができるようになるには、その機会が多ければ多いほどよいのだが、外国で日本語を学習するのと日本で学習するのとでは、日本漢字に接するチャンスに大きな差がある。中国や韓国での日本語学習には日本漢字の練習が絶対必要である、という思いを抱いた。

⑤　こうした経験から私は、天津師範大学で日本語を教えるようになって、漢字音の修得方法が常に気にかかっており、三重大留学までの天津での二年半の日本語学習の中に、単漢字や熟語の音訓読法の修得を目的とする学習工程を設定する必要を痛感していた。そこで、赴任当初から担当した二期生の聴解授業において、日本の小学校・中学校の児童・生徒が用いる漢字練習ドリルを改変して「漢字練習帳」と名付け、宿題として学生諸君にすべての漢字にルビを振らせ、それに私が朱を入れて修正するという方法をとった。

⑥　一週間に四〇〜八〇題（漢字数約一二〇〜二四〇）の回答は学生諸君にはキツかったらしく、彼らは彼らなりの防衛対策を講じていたことは、修正の朱を入れながら気づいていた。効果はあったと思うが、徒労感に襲われてもいた。しかしそれに替わる適切な方法が見つからず、二期生から五期生まで二年生終了の段階まで宿題として出し続けた。真面目に辞書を調べたものがそれだけ漢字の読み方の実力を身につけたわけである。

⑦　このようにして、二〇一四年の九月の新学期を迎えた。ある時から小テストに使える漢字練習帳の冊子を作る構想をもっていて、夏期休暇の間に計画を練った。九月に入り、従来の小学校・中学校のドリルの問題はそのまま使用し、それらに四字熟語や故事成語、格言などの読みと意味の問題、日本語能力試験の漢字問題、さらに新聞の文章中の標準的な漢字や漢語の読みを問う問題をも加えて、学生諸君にすべてパソコンに入力してもらった。

⑧　漢字練習の問題作成は以上のようであるが、これらの問題に答えるためには、日本漢字の特質や性格、また日本語の中で日本漢字がどのように発音されるかについての基本的な知識が必要である。そこで、解説文として「日本漢字の音と訓」を作成し、また個々の漢字の「音」と「訓」については、小学校で習う教育漢字一〇〇六字すべての音と訓を示した「教育漢字音訓表」を作成して、参考資料とした。さらに、日本人でも難しい難読の漢字や漢語を並べたエクセルファイルを作成し、日本漢字の読みを楽しんでもらうことにした。

⑨　この『総合漢字練習帳』は、三重大学・天津師範大学協同教育日語班の学生が使用するための内部資料として作成されたものである。作成の過程で、二期から六期に至る学生諸君の大いなる助力を得た。ここに記して、感謝の意を表したい。また、天津師範大学国際教育交流学院のご厚意によって印刷に付すことができた。関係各位に深甚の謝意を表する。》

この練習帳の全問題には正解が付録としてついているから、いちいち辞書をひかなくとも日本漢字の読み方を覚えることができる。日本漢字の読み方を覚えれば、意味が分からない場合はすぐその音で辞書を引くことができるし、もっと大切なのは、聴力の向上にとって漢字音の習得は必須であることである。「きょうかい」という音を聴いて、「協会」「境界」「教会」「教戒」「胸懐」のどれをその文脈に当てはめるか、その練習こそが聴力を高める主たる方法である。日本人なら大体その文脈が分かるから正しい選択が可能である。外国人学習者でも能力が高まるということは日本人的な判別が可能になるということである。逆に、日本人中国語学習者が「jiu」という四声の音声を聴いたとき、「就」「旧」「救」「舅」などなどのどれを文脈に適したものとして選ぶか、ということと同じである。私の経験では、これがなかなか難しい。学生たちにとっても、日本語のひらがなの言葉もそうだが、日本漢字の音を聴いてその意味がすぐ分かるかどうか、これが日本語の聴解能力の大半を占めるであろう。

私は聴解科目の担当であった関係から、日本漢字の「音」に注目したのだが、漢字の「形」については、その急な習得には労力も必要なので、あまりうるさく言わなかった。学生は簡体字を時々書いてきたが、その都度「これは簡体字です。日本漢字はこうです」として日本漢字を朱で書いて返却することにしていた。勉強熱心な学生は、簡体字と日本漢字の相違を練習によってよく認識しており、共通する漢字はもちろんだが、ほとんど失敗はなかった。少しあやふやな学生も徐々に日本漢字に慣れていって、特に問題はないように感じていた。その点は、欧米の学習者とは全く異なり、中国人の特権と言ってもいいことは、日本漢字をよく知っている日本人の中国語学習者にも当てはまるのではないか。ただしそれにあぐらをかくと落とし穴が待っていることは言うまでもないのであるが。

七　私の作成した資料

『総合漢字練習帳』に触れたので、以下ではその他の私が作成した資料について少し述べておきたい。

①『天師大・三重大合作弁学日語班のための閲読用参考テキスト　上・中・下』二〇一二年九月

作成の目的を示し、学生の利用に便ならしめるための「まえがき」に以下のように書いた。これをご覧いただければこの資料の内容も自ずから理解されるであろう。

《以前から、一年生〜三年生の学生諸君にとって、閲読や朗読に用いる適当な読み物があれば、と思っていました。岩波ジュニア新書や少年少女文庫等も三重大によって購入されましたが、それぞれ一冊しかなく全員が読めません。また初級者にとって一冊の本を読み切るのは難しく、手を出しにくいというのが現状でありました。辞書をそれほど引かなくとも解る、短くて面白い、内容も豊かで、みんなが読める文章集をというのが、このテキスト作成の動機です。

そこで、閲読や朗読の対象として、主として日本の国語教科書の文章が適当と判断し、小・中・

高の教科書を中心に、一般書からも適当な文章を、易から難へ、五〇数編選び、電子化して三巻本に仕上げたのが、この参考テキストです。

このテキストの練習をもとにして、それぞれのレベルの日本語の書物を一冊読み通すことができるようになれば、日本語学習者として、各段階におけるかなりのレベルに到達したことになると思います。

私が、学生諸君に期待しているのは、各分野一流の人々が書いたこれらの短くて内容的にも興味深い文章を、課外の学習対象として、毎日少しづつでも、何度も何度も朗読して、身体で日本語を覚えるようにすることです。乳飲み子が母親からの母語によるささやきを身体で受け止め、それが自然に身体に染みついて、ネイティブスピーカーへと成長していくように、外国人の成人にはその通りにはいかないけれども、自分の音声を聴きながら、日本語の自然な流れを「体会」することが重要だと私は考えます。一流の文章を朗読する過程で、豊かな語彙、なめらかな言葉遣い、論理展開の仕方などを身につけることができましょうし、そしてなによりも、その文章全体が表現している主張や情感なども真に深く理解できることにつながるのではないか、と思います。そのような日本語の力が、話したり書いたりするときに、如実に表れるものだと信じます。

朗読の練習ということになれば、収録された文章の朗読の「模範」が必要です。現時点では、上・中巻の三五編だけ、日本人による朗読をＵＳＢにＭＰ３として収め、原文と合わせて皆さんに手渡そうというわけです。下巻の方ももまもなく完成しますので、朗読もできれば作成したいと思っています。（以下略）》

②『天師大・三重大合作弁学日語班のための閲読用参考テキスト〔童話編〕』全三冊二〇一三年一〇月一日

次に、なんとか実現したいと思ったものに、日本の昔話が読みたいという学生の要望であった。それを実現するに際して、世界の童話も含めて製本化しようと考えた。童話や昔話、民話というのは結構難しいと日本語教育の専門家からは聞いていたのだが、学生たちに聞くと、アンデルセンやグリムの童話などは、子供の頃によく読んだということであったので、中国語で読んだものを今度は日本語で読むことになり、内容的にはいろいろと類推できるから、好都合だろうと思った。また日本の昔話や民話を読みたいというのは、日本語を学習して日本文化に興味を持ち始めた証拠であり、この気持ちは尊重したいと思った。そこで世界の童話・日本の昔話などを集めて、学生の読みやすいような資料を作成しようと考えたのである。この資料についても同様に、「まえがき」を掲示する。

《昨年の『天師大・三重大合作弁学日語班閲読参考テキスト（上・中・下）』三巻本に引き続き、ここに「童話篇」三巻本の完成を見るにいたった。以下、その経緯等について述べておきたい。

日本の国語教科書その他から収集した閲読三巻本を、昨年九月に二期生以下の学生諸君に配布後しばらくして、二年生になったばかりの四期生のある学生から、まだ少し難しい、との感想を得た。三年生になれば読解も可能となるだろうが、一年生・二年生にはもう少し読みやすい副読本が必要かな、と思ったものだった。また以前から、日本の昔話や民話を読みたい、との要望を学生諸君から聞いていた。ところが事務室の蔵書にはその種の書籍はほとんどなかった。一時帰国を利用して書店やブックオフを歩き回り、それらの資料も少しづつ備えられるようになってきていた。その過程で、できれば世界の著名な童話や寓話も一緒にテキスト集にまとめれば良い読み物になるのではないか、と思い、日本及び世界の昔話や童話、現代童話も買い集め、今年の春節前には三巻本の構想ができあがった。ただ昨年の作業による眼疾の再発をおもんばかり、四期生諸君に春節休みを利用しての入力をお願いし、体裁を整えて四月末には第一巻のファイルを四期生諸君に送付して校正をお願いした。その後、授業その他で忙しく、しばらく編集を休んでいたが、夏休みに入って第二巻・三巻の編集に着手し、新たな形で三巻本の完成にこぎつけたわけである。しかしパソコン上での閲読はやはり不便で、前回の例に倣って冊子化を是非にと思い、関係者に相談したところ、実現の可能性が生まれた。そこで、もう一度誤植を摘出し、若干の構成変更や、行間・活字ポイント及びルビ（ふりがな）の統一など、時間の許す限り修正を行って、完成稿と称し、印刷に備えることとした。

三巻の構成の全体は以下のページに示すとおりである。第一巻には、日本の昔話など比較的読みやすいものを集めた。第二巻はヨーロッパで収集・制作された民話や童話、第三巻は童話の枠からはみ出すかもしれないものも含まれている。編者もとよりこの分野に昏く、「童話篇」と称するには不適切な部分を多く含んでいるかもしれない。また、第一巻の昔話のかなりの部分はインターネットから採取している（出典参照）。岩波文庫などには多くの昔話が収録されていることはもとより承知しているが（関敬吾編『日本の昔ばなしⅠ・Ⅱ』など）、しかしそれらは現地での口承や聴き取りそのままの地方語が多く、現代では使用しない古風な表現が多い。本編集の目的は天師大・三重大協同教育日語班の学習のための教育用内部資料の作成にあるので、できるだけ現代日本語によるものを収録することにした結果である。諒とされたい。

ルビ等について一言。ルビのある篇とない篇とがあるが、入力の底本にはルビを付さないものもあるためである。またルビを付した漢字や熟語の難読の程度もまちまちである。前回の閲読本にはルビを付さなかったことが親しみにくくした一要因かと判断し、今回の入力に際して四期生諸君にルビの入力もお願いした。ところが、その指示が明確でなかったため、ルビ対象語選択の基準やポイントが不統一とならざるを得なかった。今回の最終修正において、可能な限りルビを付して統一をはかったし、誤植の一掃にも努めたが、完璧さは期しがたいというのが本音である。ご覧になってお気づきの方は是非ご指摘をお願いしたい。(以下略)》

③『「お」と「ご」のつく語一覧』二〇一二年八月一日〔エクセルファイルで学生に配布〕
《日本語では、相手に敬意を示したり、丁寧に言ったりするときに、語の頭に「お」や「ご」を付けることが多い。日本人であれば大体「お」か「ご」のどちらが付くかは判別できるが、外国人日本語学習者にはなかなか厄介で、辞書を引いても判明しない場合が少なくない。「お＋和語」・「ご＋漢語」が一応の原則ではあるが、例外もかなり多い。本一覧表は、下に記すように、東の日本語能力をもとに作成したもので、頻用するものを落としていたり、関連説明・品詞分類・例文などにおいて若干の誤りが含まれている可能性もあるが、「お」「ご」の判別については誤りはないものと信ずる。欠落や誤りに気が付かれたら、多くの空欄ともども、各自の辞書的資料として正確化・充実化に努められんことを願う。

本一覧表は、馬暁菲先生の「ご」助力を得て、五月以来例語の増加に努めてきた。ただ、記憶によりながらの作業は完璧を期しがたく、五〇〇例ちかくまでは自力で作成したが、あとの二五〇例くらいは、菊地康人『敬語再入門』(講談社学術文庫、同氏著『敬語』の姉妹編)を参照して増補した(七六三例)。もとより氏の挙げる主な例と重なる場合も多かったし、氏があえて挙げていない例も比較的多くこの一覧表には含まれている。ただ歴史的な用語や特殊な語など、通常では使用しないものについては割愛した。したがって、本一覧表にある「お」と「ご」の付く語の判別ができるようになれば、日常的な日本語運用にはそれほど支障は来さないだろう、と自負している。本一覧表が、皆さんの日本語使用に際して少しでも役立つことになれば幸甚である。》

④「**身体各部等を用いた語句一覧表**」二〇一四年二月一日〔エクセルファイルで学生に配布〕

《【資料説明】まずこの資料「身体各部等を用いた語句一覧表」の成立事情を申します。あることがきっかけで、東が昨年一一月頃から、頭に浮かんだ身体各部を使用した語句をそのつどパソコンに入力して約三五〇くらいの語句を得ました。その過程で、四期生の斉子晗さんが辞書をもとに別途に作成していた同種の資料（約三〇〇語句）の存在を知り、斉さんの同意を得て合体し、重複する語句を整理しながらさらに辞書によって語句数を増加させたり、「気」と「心」の分も加えて、この資料ができあがったというわけです。意味と例文の入力には学生諸君の助力を得ました。

このように、慣用句を多く含む日本語特有の表現を五十音に並べて一覧にすれば、辞書を引く「手間」が省けるというよりも、身体各部を用いた語句の全体像が見え、記憶にとどめるにも有益であろうと思われます。中国語の同種の表現と比較すれば、両言語の特質の一端を明らかにすることもできるかもしれません。ただ、この一覧表の七〇〇余の語句のうち、日常の会話に現れるのはそれほど多くはないと思います。新聞や随筆・小説などを読んだりするときに現れるものが多いでしょう。一般の日本人も知らない、いわば高級日語に属する語句も数多くあります。したがって、皆さんがこの一覧表を利用するときには、それぞれの能力に応じて活用する方法を工夫していただきたいと思います。そこで老爺の節介ながら、Eの列に一～三の数字を記入しておきました。私の感覚による使用される頻度の差をあらわしたもので、「一」はよく使われるもの、「三」はそれほどではないことを示します。しかしこれは私の主観的判断ですから絶対的なものではありません。

なお、ここに収録した語句の選択基準ですが、例えば「目を上げる」は文字通りの意味以外は何もありませんが、「手を上げる」は「上達・降伏・殴りかかろうとする」などの派生した意味があります。前者のような語句は収録しておりません。また「勝手」などのように「手」を含んでいますが、身体器官としての「手」の意味は薄いと思われます。このような語句も収録しておりません。「気」と「心」は身体器官に準ずるものとして、最後に付加しました。必ずしも明確な選択基準ではありませんが、ご参考までに。

この一覧表には重要語句の見落とし、意味や例文の不適切さなどもおそらくあるでしょうし、例文の欄もまだ空白が目立ちます。『「お」と「ご」の付く語一覧』と同様、皆さんそれぞれが補訂を加えていく辞書的資料として作成しましたので、完全な資料とすべく各自で修正を加えていっていただければと思います。本資料を活用していただけるのであれば嬉しい限りです。》

⑤ **「日本語の数詞、かぞえ方、よみ方」** 二〇一一年一一月一〇日作成・二〇一四年三月一〇日改訂

数量詞と序数詞の双方についての読み方を、漢語系と和語系から始めて、整理して示したもの。数字の発音については、ほぼ網羅されている。量詞も付け加えてある。

⑥ **「中国・日本の名詩（朗読用）」** 二〇一六年四月一一日

いわゆる漢詩で、中学・高校の教科書などに掲載されている有名なものを十くらい掲出し、原文と日本語特有の読み下し文を付した。また、日本の教科書に出てくる日本の詩人の作になる有名な詩を選んでみた。漢詩を日本人はどのように朗誦しているか、中国人学生は知らないので、それを知らしめるためにもこの資料を作成した。授業で中国の詩や日本の詩を音読させるとともに、日本語の韻文への興味関心の喚起を目的としている。

八　外国語を楽しく学ぶ方法は？

表題は学生達からよく聞かれた質問内容である。私はそういうとき、「もしそんな方法があるなら私に教えてくれませんか。私の中国語学習に適用してみたいから。」と答えることにしていた。そう答えながら、しかし、いや楽しくマスターできる方法がありますよ、と自信たっぷりに微笑みかけてくる人がいるかもしれないな、という不安が浮かぶことも否定できなかったのである。日本語のゲームで大いに遊び、その過程で日本語を覚えた、という学生もいたし、ある大学の日本人教師が、中国のテレビドラマを見てその字幕と実際の会話だけから中国語を覚えた、と豪語していたと人づてに聞いたことがあるが、そういうことから判断すると、日常会話程度であれば、遊びの中から外国語を習得することも可能であることを否定はしきれないのである。

しかしそういう話を聞いても、冒頭の問いに対する私の回答は、否である。語学でも何でもそうであるが、身体にしみこんだような技でないと本物ではない。それは古からの修行者によって証明されている。私の考えでは、「学習すること自体を好きになるのでなければ決して上達しない」と思う。それでは始めに学習することを好きになれない人は、永久に上達から見放されるのであろうか。半分位の人はそうであろう。そういう人はその技に縁がなかったと考えざるを得ない。残りの半分の人はどうであろうか。はじめは好きにならないけれども、だんだんと日本語の学習が好みに合ってくるということがあるのではないか。だから教授者がいろいろな方法を提示することはもちろん必要なのであるが、それらを実際に自分で実践してみて、だんだんとそれが実践者の気分や身体に合致してくる過程があって、その過程にうまく乗っかれば、ある程度のレベルに到達できる。よく、練習が苦しくて嫌で嫌で仕様がなかった、という話を成功者の口から聞くことがある。しかしこういう人たちも、はじめはそのようなことがあったかもしれないが、上達につれて学習が苦痛ではなくなってくる時期があって、そこをうまく乗り切れば、上達がさらに快楽となったのではないか。

要するに、教授者から提示される学習方法にはもちろん学習者にとっての適切性がなければならないし、不合理を伴う方法は避けるべきではあるが、楽しみながら語学をマスターできる簡便な方法というものはないのではないかと思う。やはりどこかの段階で、地獄の苦しみを乗り越えないといけないのではなかろうか。ただ、その地獄の苦しみを地獄の苦しみとして感じる人もあれば、案外すんなりとその段階をそれほど苦しまなくて通過してしまう人もいるのではないか。後者は地獄の苦しみをあまり感ぜずに、比較的その行程を好きになることのできる人であろう。

ある学生から聞いた話。彼女は教師たちの「朗読を、朗読を！」という指示に忠実で、一年生の時から熱心に音読を実践していた。天津市出身であったから、週末には自宅に戻る。自宅でも音読を続けねば、と頑張るのである。ある時、音読をしていると母親が「うるさいっ！ベランダへ出てやりなさい！」と怒鳴ったとか。それでも彼女はそのまま音読を続けてやめなかったという。これくらい意志が強ければいいのだが、両親から言われるとシュリンクしてやめてしまう学生もいるだろう。ということは、あまり音読は気が進まない、音読を少し位しなくても、という気持ちがどこかにあるからで、そういう学生は結局は伸びない。ちなみに、先の音読を自宅でがむしゃらに実践した学生は、二年生が終わった段階でのＮ１試験に見事に高得点で合格した。

以上の実話から私が想像したのは、「語学脳」ともいうべきものがあって、それはもとより母語能力を統括している「言語脳」と何らかの線で結ばれながら独立して存在している。この語学脳がどんどん内容的に充実すること、これが外国語を聴いて話し書けることにつながるのではないか、ということである。つまり語学脳を一心不乱に鍛え上げることを通じて、言語脳と結ばれた線を次第に太くしていき、おそらくは脳科学的に言えば、言語をつかさどる中枢の中に、外国語脳という砦のようなものが形作られる。それをここでは仮に「語学脳」と呼ぶが、その語学脳の中に「語彙能」「語法能」「听力能」「文章構成能」などなどの諸能力の分野が構造的に配置される姿が浮かんでくる。先の女子学生の必死の音読練習は「語学能」のある能力部分を刺激しながらその質を高める作用を及ぼしているとみることもできる。こういういろいろな練習によって、あるときプチッと一段階レベルが上がる瞬間がある。それが自分に力がついたという実感なのではないか。語学学習の過程とは、「語学脳」を鍛えていく過程、そしてある語学のマスターとは「語学脳」をネイティブの「言語脳」に限りなく近い——その程度によって上手い下手の別、また分野の習熟度による得意分野などが生じようが——状態にすることではないか。問題は一個人の中の「言語脳」と「語学脳」との間の連絡の有り様である。基本的には「語学脳」はネイティブな「言語脳」からは一定程度自立しているのではないかと私は仮に考えている。しかし両者は何らか連絡し合っているはずである。そうでなければ翻訳や通訳は不可能になる。それでは翻訳などの能力はどのように高められるのであろうか。私などはいつも中国語を学習するとき、日本語を前提にして、「ニィーハオ」は日本語の「こんにちは」なのだ、と思いながら「ニィーハオ」を覚えるのである。これはまた次のような問題に関連して、更に複雑な様相を呈してくる。

これも学生から聞いた話だが、彼らは興味のあることから日本語を学ぶという方法の一つとして、日本のアニメの活用を思いついたらしい。まずはアニメを見ながら中国語の字幕によって内容や会話を理解する。そこから進んで、字幕なしで音声のみから会話も理解する。さらに、自分で字幕を作る、つまりアニメの日本語を中国語に翻訳することである。また字幕から実際の会話を復元する方法である。私も含めた八里台の教師団が、学生の興味に基づく方法をということで、アニメの音声を消して中国語字幕から日本語に翻訳して日本語で話してみるという複数の学生のチームによるコンテストを行ったことがある。

ここからまた新しい問題が生まれる。つまり外国語を習得する場合、母国語と当該外国語の双方をもとに外国語を真にマスターできるのか、というものである。ある段階では母語による外国語習得の手がかりは必要であろう。しかし高度な段階では、母語は捨てて、外国語の中に入り込んで、その中で外国語を習得するという仕方でなければ、真にマスターできたとはいえないのではなかろうか。私が外国語を真にマスターできた経験がない

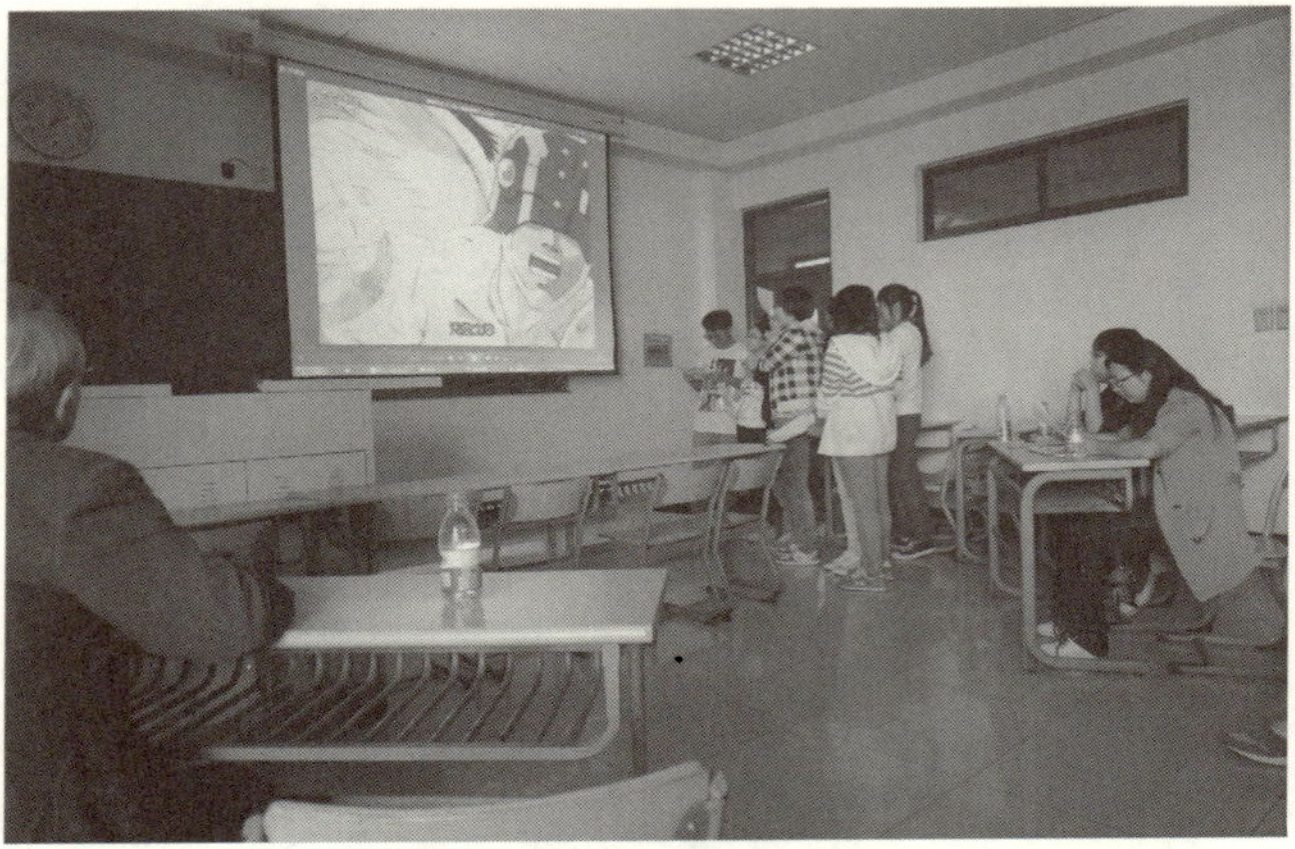

アニメコンテスト

ので、その是非を判定することはできないのであるが。

天津外国語大学の日本語科は優秀な人材を輩出している名門だ。その卒業生から聞いた話だが、ある先生は「日本語をものにしたいと思ったら中国語を忘れよ！」と学生に向かって宣告したそうである。これはかなり重要な考え方を表明したように私には思える。私の中国語習得の実際においては、中国語を聴いて必ず日本語で翻訳しながらその意味などを理解しようとしている自分の脳の働き方を常に意識している。中国語を話すときも、まず日本語で文章を組み立て、それを逐語訳的に中国語に変換してそれを四声に注意しながら発音する、という風情なのである。しかしこれではスピード感のある反射的な中国語の話し方はいつまでたっても習得できないだろう。もちろん簡単な日常挨拶や、料理の注文くらいはできるだろうが、少し実のある内容や込み入った会話はとても無理である。

Ⅳ　中国の大学教育と学生

一　中国の教育事情

かつて天津プログラムの交渉・協定締結段階で一つの問題になったものに、相互の大学の卒業資格取得に際しての単位認定の問題があった。おおざっぱに言うと、当時の三重大学教育学部の卒業単位は全部で一二四単位。内訳は共通教育課程の四〇単位と学部専門科目八四単位である。問題は、三重大卒業の単位として、師範大で取得した単位を三重大の単位の中に如何に取り込むか、である。外国の大学の単位を読み換えるには規則がある。日本側の大学のカリキュラムに照らして内容的に同一と認定された単位を、六〇単位まで互換できる。そういう条件の中で、六〇単位のうち、師範大の四〇単位の基礎課程の単位を三重大の共通教育課程の単位の四〇単位として一括互換する、という措置をとった。あとの二〇単位は、三重大卒業に必要な教育実習や日本語教育コース関係単位として設定し、天津での三重大教員による集中講義その他の開講単位を三重大の単位として認定するために利用した。

その過程で少し引っかかったのが、日本の共通教育課程にはない「マルクス主義関係諸科目」であった。これは社会主義を国の基本方針とする国家の大学の制度として当然のことである。日本でいえばさしずめ「社会思想関係諸科目」に相当しよう。あとは国語（中国語）や英語・露語などの語学、人文系・理数系、体育、コンピューター関係諸科目があるので、それほど問題はない。委員会ではこの問題については、「一括互換」の方針で乗り切ったのである。

中国の大学では、入学したての学生は約一カ月間軍事訓練を受けなければならない。軍事施設の将校などを教官として、残暑の厳しい時期に学生の規律精神を鍛えるのが目的であろう。一朝有事の際には学生も市民とともに祖国の防衛に加わるべきとの国家の要請がそこにははたらいており、国民（中国語では「公民」または「人民」か）の祖国への忠誠心を喚起する目的を有するものでもあろう。それと並んで、社会主義国家としては、特に大学というエリートを養成する（現在では大学は大衆化したが）教育段階では、

三重大入学式に参加する四期生

社会主義の基本的な知識や世界観・方法観を身につけさせるために、「マルクス主義関係諸科目」が大学の教養段階に設置されなければならないということも容易に理解できる。

ところで近代中国の教育のあり方については、多くの人は科挙試験が一九〇五年に廃止されたことをもって近代的な教育制度へ移行しはじめたと考えるだろう。日本への留学熱が高まったのが、日本が日露戦争で勝利を収めつつあった一九〇四年頃であった。欧米や日本への留学生たちがそれぞれに学んだ近代学校教育制度や教育方法を中国に持ち帰り、中国の近代教育が各地で徐々に開始されたのである。学生時代に近代史の勉強をしていた私にとって意外だったのは、アメリカの著名な哲学者・教育学者のデューイが中華民国の時代に中国を訪れ、各地で講演したことである。そもそも近代中国の教育発展史上、アメリカの役割は小さくない。有名な清華大学の創立が、一九一一年の義和団の乱の対米賠償金によってなされたのもその一例である。そのデューイがアメリカで指導したのが中国人教育学者として著名な陶行知である。

「すべての中国人に教育を受ける機会を与えたい」と願った陶行知は、平民教育運動を推進するには全人口の八割を超える農民に向かわなければならないとして、一九二七年南京郊外の暁荘に師範学校を設立し、教育を書物主義から解放し、勤労と結びついたユニークな「生活教育」を実践した。陶氏の教育思想は全面的には中国において発展はしなかったが、一九四九年以降、共産党の指導層にもその人民中心の教育思想が容認され、徐々にその優れた面が評価されるようになり、現在においては研究会などで多くの教育関係者に影響を与えていると聞く。ここにいう「書物主義」はまさしく伝統中国の教学方法というは可であろう。これに対して身近な問題から出発してその問題を解決する過程を通じて諸々の知識や思考力を習得していくのがアメリカのソーシャルスタディーズであり、それを模したのが日本の戦後社会科の問題解決学習である。三重大の教学の基本に据えられているのが、プロジェクト・ベイスド・ラーニング《project-based learning》なる課題解決型学習の方法的理念である。PBL教育とは、問題を発見し、その問題を解決するために必要な知識や技能を修得していく指導方法で、日本の多くの大学で採用されている。学問というものはもともと日常生活上の疑問や課題、現実社会の適切な運用のための制度や技能の必要性、個人の切実な精神的問題などから出発していることは言うをまたない。ただそれらの探求の厳密さや客観化の必要から常人に近づきにくいものになってしまっただけである。学問を修得すべき大学で、学問というものの基本的な方法的態度の演習によって学生が鍛えられるのは当然とすべきであろう。

そういう意味では、中外合作弁学条例を作成した中国の文科省である「教育部」に集う教育行政者達の、中国の教育の現状を見つめ、外国の先進的な教育方法を学び取ろうとするその謙虚さや賢明さを認めてもよい。おそらく中国の大学だけで教育改革を行おうとしても、伝統を重んじる「守旧的意識」の抵抗、新たな教学方法の開発や若い教員の育成などに膨大なエネルギーが必要になると共に、その成功の確率が低いことをおもんぱかった結果ではなかろうか。

時あたかも爆発的な大学教育の大衆化が進行しつつあったのである。それは改革開放によって経済的に豊かになるにつれ、教育に対する社会の要求が強まったからである。一九九九年頃から急激に大学生の数が増加した。日本で言ういわゆる「大学の大衆化」である。あるデータによると、増加前の一九九八年の高等教育学生（大学生）数は三四一万人、二〇一三年には三四六〇万人となり、一〇倍以上に急増し、高等教育粗進学率は三五パーセントくらいまでになっている。二一世紀に入ってからの中国の経済発展のすさまじさもここからうかがい知ることができよう。

大学の大衆化に応じて、従来のエリート養成の方法としての伝統的な教育方法にある転換を施すために、世界的な潮流を中国に導き入れる必要を中国教育部の指導者達が感じ、そのために「中外合作弁学条例」を作成したのだとすればそれは当を得た政策と言うべきであろう。だがしかし、問題を発見しその解決に向かって問題を考えていくには、その事象に関する広闊な知識やある程度の理解が必要である。戦後日本の社会科で争われた「問題解決学習か系統学習か」という論争が新たな形で闘われるかもしれない。ゆとり教育をめぐる議論にもそれは影を落とすであろう。

中国における全般的な教育の基本は、書物主義・暗誦主義・知識中心主義などによって特徴づけられる。大学では「方法」を中心に学ぶべきだ、と私は学生には力説したが、なかなか理解が難しいようだった。今後の中国教育界にとって、ＰＢＬ教育の普及がいかに図られるか、大学教育における外国大学と中国の大学との中外合作弁学の成果が問われているのである。

中国の大学では教科書が欠かせない

中国では講義には必ずと言っていいほど〈課本《クーペン》〉（教科書）を使用する。日本に留学した学生が一様に言うのは、日本の講義には教科書がない、ということである。そこから、いくつかの日中学生の学習態度に関する相違が生まれる。

中国では教科書の中にほとんどの知的習得の対象が詰め込まれているし、教師もそれを説明することに重点がある。学生はその説明の中で教科書に書いてない事柄を教科書に書き込む。ノートを取ろうとする学生はほとんどいない。かつて日本式の講義形式で授業を行っていた我が日本人同僚が、学生はノートを取らないので、ノートを使用するように指導しているがちっとも言うことを聞かない、と半分あきらめたような言い方で語っていたことを思い出す。ことほどさように、授業中は教師の話をただ聞いているだけである。私は聴解をずっと担当していた関係で、教科書があったとはいえ、聴き取りの練習ばかりやっていたから、あまりそのことについて落胆はしなかった。しかし、彼らが日本に留学してからが大変であろう、という感想を持っていた。

教科書に盛られている内容を理解し、試験に合格点をとれば、単位が出て卒業できることになる。したがって中国の教師は、当然教科書の理解を中心に授業を展開するであろう。そういう考え方に慣れていない私は、天津にいる間に実に多くの資料を学生に配布した。それは、教科書の外に出て自主的に学習する学生が自由に利用してくれることを願ってのことであった。しかし中国人教師も学生も、教科書が最も重要な知識等の源泉であり、それをマスターすることが学力の向上を保証するものである、という考えで固まっている以上、私が配付する資料などは、学生の「重荷」そのものであり、中国人教師から言わせれば「余計なお節介」ということではなかったであろうか。学生が資料を配付されたからといって、それが試験に出るといわれれば必死で覚えるであろうが、大体がくず箱に直行する運命にある。要するに、学生の学習の中心は、教科書の内容をただひたすら覚え込むことに力点が置かれることになる。試験の形式がそのことを物語っている。

私はかつて、三年生前期の学生に「知ることと考えること」というテーマでレポートを課したことがある。日本語がまだ十分ではないということもあり、結果は惨憺たるもので、そもそも問題設定ができない学生もかなりいた。おそらくそういう風に問題を設定し、その問題に関連するいろいろな情報を集め、そしてその問題の一定の解法を論理的に示す、という修練をまだ経験していないのではないかと思わざるを得なかった。

しかしだからと言って中国の大学教育が日本より程度が低いということではもちろんない。私の学生時代の経験から言えば、教養部時代には教科書のある講義も結構あった。ただ大部分の講義では、学生がノートを取るのが基本であり、時には教師が口述したものを筆記させるという講義もあった。教科書を使う使わないは本質的な事柄ではないのである。おそらく日本と中国の大学の一番の相違点は、学部の三年と四年にはゼミナール（演習）が基本で、討論によって思考を深めることを中心にするのが大学の授業であるのか、あるいはゼミナール的な演習形式授業は大学院以上に限定されているのか、というところにあるように思う。それは日本の大学のモデルがドイツなどヨーロッパの大学に在ったのに比べ、中国のは主としてアメリカであり、大学の学部段階ではほとんどが講義形式で知識伝授とその習得に力点が置かれていたからなのではないか。実際に、中国の学部段階ではゼミナール形式の授業はほとんどないということを聞いた。そこでは、高等教育においても、前期の段階では専門分野とその周辺における必要な知識や常識的知見を教科書などを使用して徹底的に修得させ、それを基盤にしてより高度な専門的研究に進む、という階梯的仕組みが中国の大学教育の中に存在しているのではないかと推測される。一方、学部の三年生くらいから、基礎的知識も完全ではないが、演習などを通じて課題研究をしながら基礎的な知識や知見を獲得していく、という日本的な方式もそれなりに理解できる。専門的な分野の相違によってその修学の方法にも変化があっていいのではないか。要するに中国の大学の基本的な修学の方法はまず教科書などを使ってその専攻分野に必要な知識を量的に保証しようというところにあることをここでは指摘するにとどめたい。

二　教師節を祝う

毎年九月一〇日は「教師節」と言って教師の日とも言うべき節日である。この日には、卒業生・在学生からメールやカードで「教師節快楽！（教師の日、おめでとうございます）」というメッセージが届けられる。私のいた大学の古いキャンパスのホテルで、退職した教師達が招待を受けて、昼ご飯を振る舞われる行事がある。学生から聞いて驚いたのであるが、一日でも教えを受けた先生は、父親と同じように一生大切な人となるとか。小学生から大学生まで、先生への敬意を表するための日をもうけて、先生ありがとう、と感謝の言葉を述べ、あるいはプレゼントを差し上げることもある。これも人から聞いた話であるが、先生へのプレゼントが付け届けのようなものに変化し、それを先生に贈らないと成績評価に影響するとか。しかし最近では、小学校や中学校の児童・生徒の中には先生への敬意を表する者が次第に減少してきており、かつてのような先生を大切に思う精神が希薄になりつつあることを嘆く新聞記事を読んだことがある。中国社会の変化、中国人の心的態度の変化の一つと見なすことができるかもしれない。現代では、教育は人と人との心に響く関係ではなくなり、ビジネスライクな知識や能力の切り売り及びトレーニングになりつつあり、教師は全人教育を担う学徳者ではなく、そういう専門職を担う単なる技術者として存在しつつあるのではないか。しかし中国では、日本と異なり、伝統的な観念、師と弟子の関係がまだ残存しているということは可能であろう。

私が天津師範大学に赴任してはじめて迎えた二〇〇九年の教師節の日、恥ずかしながら私はそういう節日を知らなかったのだが、学生達から一枚のカードをもらった。そこには、「教師節　快楽！」の祝辞と日頃の指導に対する感謝の気持ちが述べられ、漢詩が付け加えてあった。李商隠の「無題（相い見る時難く相い別るるも亦難し）」なる詩の八句ある中の次の二句である。

「春蠶到死絲方盡　蠟炬成灰淚始乾」

いま『中国詩人選集一五』（岩波書店）の高橋和巳氏の訳解を以下に録すると、「春の蚕が死ぬその時まで細く美しいきぬ糸をはき続けるように、私の思いはいつまでも細細と続くだろう。また、たらたらと雫を垂れる蠟燭が、すっかり灰になりきるまで、蠟の涙を流しつづけるように、この別れの悲しみは身の朽ち果てるまで続くであろう」となる。

李商隠詩の趣旨はそうではないのだが、学生の私に対する気持ちとしては要するに、死ぬまで生糸を吐き続けるお蚕さんや四方を明らめつつ燃え尽きる蠟燭のように、教師たる者は全身全霊をもって教えを受ける者のために自らの心身が摩耗消滅するまで尽くさなければならない、という要請がなされているように、私には受け取れた。実際どんな学生でも、この両句を「チュンツァンダオス　スファンチン、ラチュイチュンホイ　レイシカン」と軽々と暗誦するのである。そういう彼らの所作を見ていると、小学校以来暗誦しているこの両句が教師節にはなくてはならないお決まりの文句であるように彼ら自身が感じているのであろうと思わざるを得ない。そして、「父親に次いで大事な人」である教師への尊敬と同時に、教師には蠟燭の如く燃え尽きるまで明かりを教え子たちに届け、蚕のように死ぬまで糸（真理）を吐き出す、という任務が与えられており、それに対する謝意が毎年の教師の日を祝う理由である、と私は理解した。

中国の教師というのは大変なんだなぁ、とその時背筋がぞくっとするのを覚えたことがある。私自身がその後二〇一六年の夏まで、必死に日本語指導の責を果たそうともがいたのには、この最初の学生達の「脅迫」もあったように思う。

三　中国の教師論

「学而不厌　诲人不倦」（学んで厭きない、人を教え導いて倦むことがない）という成語を、師範大の校舎内の壁面などあちこちでよく見かけた。学生・教師双方の努力目標というかあるべき姿であると共に、一人の人間として学びつつ他者に教えることの切実さを「師範」を養成する教育機関の教訓としてあまねく掲げて構成員にその実践を求める意図が見える。もちろん学業を途中で放棄せずに継続してこそ業を終えることが可能となるのであるが、「厭きない」ということの中に、学ぶべき対象に対する飽くなき興味や関心、果ては愛情までも感じる

標語（教育中心大楼7階踊り場）

ことの大切さを教えているのであろう。

またよく聴いた言葉として「严师出高徒」ということわざがある。「厳しい指導者の下にこそ優れた教え子が生まれる」という意味である。問題は「厳師」の「厳」の内容というか教師のあり方如何であろう。それは時代によっても変化せざるを得ない。

しかし「厳師出高徒」というのは、教師が甘えを排除したところに成り立つのではないか、と思うようになった。学生に冷たくするとか、あまり深く交流をしない、とかではない。教師の持つ真の学問の力を学生に見せつけること、これこそが教師として為すべきことである。例えば、私が学生にある中国文を日本文に翻訳させ、私も自分の訳文を作り、学生の作成した訳文と対照して読ませたことがある。学生の日本語力はかなりできる方で、ちょっと天狗になっていた節があって実力以上の自負を持っていた。私の訳文を見て、自分の訳文が日本語として全く成り立たないことを知り、ショックだ、と叫んだのである。ショックを受けた学生は自分の日本語力の程度を知ることによって、さらなる勉学に邁進することになったのだが。

中国人同僚から、日本人の先生方は優しいから、とよく言われる。年配の中国人教師に言わせると、中国人学生を震え上がらせることは、日本人教師にはできない、とのこと。単に中国語が通じないということだけではない。教室の中で教師と学生が甘えの関係に入り込んでいるのではないのか、というある種の批判を含んでいるようにも思える。その結果、学生は日本人の先生を尊敬しているといいながら、学習については徹底さを欠く、ということになる。しかしそれは、教師に言われないと勉強しない中国人学生の奴隷根性なのではないか。

私が日本の大学で学び教えていて自然に身につけたのは、大学生たる者は、自分で学問するために大学へ来たのだろうから、教師が勉強しなさい、とうるさく言わなくとも自分で学習の方法を見つけ出し、それなりの学力を得て卒業する、という考え方であった。しかし現実にはそんな考え方が通用する大学は数少なくなってきている。大学が学生を「放し飼い」しても文句を言われなかった時代はもうとっくの昔に過ぎ去ったのである。授業料が高くなったからというのは些末な理由であろう。

中国の「厳師」についての私の理解は、教師の学問レベルの厳然たる高さを学生に知らしめ、その峰の高みに誘う力を持つ人のことである。しかし今はそういう学問に対する真剣勝負のご時世ではなくなり、学生もいろいろと楽しい事柄が多くなった。身を削ってでも学問に励む、というのは時代遅れになり、ついついサボり気味になる。そういう学生を単位認定などをもとに震え上がらせ、時にはきつい言葉で恐れを抱かせるような指導を行わないと学生になめられる、という風潮が中国でも大学の大衆化の中で進行しているのではないか、というのが私の感想である。

しかし、恐怖は学習にとって効果が少ない、とある人が言っていた。教師に叱られるから、単位が取れなくて卒業できなかったら親に叱られる、等々の心配や直接的な言葉の暴力などで、学習にイヤイヤ乗り出しても、あまり身に付かないであろう。また必要最小限の学習で終わり、そこからの発展への工夫などを考える意欲も湧かないのではないか。

ある時学生と雑談していて、先生は優しいから学生は歓迎しています、と言った。私はその歓迎というのは、適当にサボれるからという気持ちも含まれているのでしょう、と訊くと、まあそうですね、と答え、やはり学生がサボらないように先生は厳しくした方がよいと思います、と本音を言う。私の答えは、私は儒家の徒であって、法家ではないのでね、と言うと、少し驚いた顔をして、そうですか、先生は儒家なのですか、と言って、黙してしまったのである。この応答をどのように考えるか、も私の中国在住中の課題となった。これには授業中、あるいは試験の結果における「学生の面子」問題も深く関係しているのではあるが。

四　中国の学生様態

敬虔的・服従的な態度

すでに触れたように、中国の学生にとって〈老師《ラオシー》〉というのは絶対的な存在であり、一日教えを請えば、一生父親のごとく敬する、といわれるほどである。だから教師の指示は絶対で、宿題などをサボるのはもってのほかである。かつて九〇年代、学会のエクスカーションで道教史跡のある山岳に登ったことがある。山東のある大学の老教授は少し足が悪かったのだが、その指導生たち、大学院生であろうか、老教授を交代で背負ってかなり高いところまで登っていたのを目睹したことがある。ただそれらはやはり伝統的な師と弟子の関係であって、私が教えた学生たちはもっとドライであり、また一般教育課程段階にあり、専門的な指導をこととする師と弟子の間柄ではないから、関係は通り一遍のものであった。とは言っても、日本の大学の学生とはまたひと味異なり、教師を尊重する風が濃厚で、やはり悪い気持ちがしないのであった

寮生活

中国の大学は全寮制である。原則としてキャンパス内の寮に居住しなければならない。特別な理由があったりする場合、また週末に自宅に戻ることのできる者は許容されていたが、授業のある日は、四年生など卒業間際の場合を除いて、寮にいないといけない。部屋は四人から一〇人程度まであり、一人っ子で個室で育ってきた現代の学生にはなかなか苦労というか気のすまないことも多いであろう。それにクーラーがなかったりするので、天津市内に自宅のある者は暑くなってくるとすぐ帰宅したがるのである。また気の合わない者同士が同じ部屋になっ

てしまうと、必ずトラブルが起こり、忍耐力があればなんとか持ちこたえながら次第に交流もできるようになるのだが、結局破裂してしまうケースもまれではなく、部屋替えや、キャンパス外にマンションやアパートを求める学生も出てくるのである。

私が住んでいた金橋賓館には外国人留学生が一部屋二人で住んでいる者が多かった。もちろん料金を出せば一人で住めるのであるが、こういう二人部屋はなかなかむずかしいようである。いったんトラブったらもう修復がきかない。その点四人や六人だったら、他のメンバーが間に入ってなんとかしてくれる可能性がある。私が三重大の宿舎建設の提案をしたとき、天津の女子学生のは四人部屋にした。ある事務官がなぜ二人にしないのか、と私に聞いたことがある。天津でもそうであったし、相互対立が緩和されること、部屋代が安くなること、などを挙げて、第I章で述べた根本的な理由は伏せながら、了解を求めたことがある。ただし、四人部屋で三対一になってしまったらもうどうしようもないが。

カラオケで日本語学習

学生諸君とはカラオケに行くこともあった。クラスには親しくなるクラスとどこか冷たい関係のクラスがあり、それはクラスの主導的な学生の性格とか、クラス構成員全体が醸し出す雰囲気によるのだが、コンパの後にカラオケに行って日本の歌を歌うこともままあったのである。

そういう時に分かるのだが、学生達はけっこうカラオケで日本語の練習を積んでいるのである。現在のカラオケは、歌手の音声を流しながら客がその後を追うようにして歌う、つまり練習のためのバージョンがある。私も中国語の歌をそういう風に練習したことがあるが、学生達は日本語の字幕を見ながら発音の練習をしているのである。そうしながら語彙や文の意味の推測なども同時に行っているのであろう。私の知らないアニメの字幕付きの歌を結構きれいな発音でリズミカルに歌っている姿を見ると、もう教室で発音練習することもないな、などと思ったりする。時々難しい語句が出てくると、先生あれはどういう意味ですか、といった調子で、カラオケ三昧の夜が更けるのである。

恋愛

この領域は、老人には苦手なのだが、我が三重日語班内では、男子学生が少ないこともあり、歴代一クラス一カップルあるかないかの状況であった。ただクラス外の学生や学校外の異性とのカップルも、私が知らないだけで、多くの恋愛中の学生がいたであろう。高校時代にすでに相手を見つけている人も多いようだ。進学した大学は遠く離れており、短い休暇にはそれぞれが相手の都市を訪問し合うか、あるいは長期休暇で帰省したときにようやく会えるというカップルもある。全体的に現在の中国の大学生は恋愛関係にあるものが多い。昔の大学生はそうではなかった。私の同年齢の研究者から聞いた話では、学生時代には国家のエリートであった彼ら大学生は勉学に励み、一日も早く立派な人材として国家に尽くさなければならなかったから、消灯後も廊下やトイレの灯火の下で必死で学習したという。従って恋愛などはもってのほかで、もしそれが大学当局に見つかった場合、即退学処分にされたものだ、とのことであった。少し大げさに言ったのかもしれないが、全くのでたらめとは思えない。確かに観察していると、恋愛関係に陥った学生、特に女子学生に成績の低下がよく見られる。これは日本でも同じだろう。ただしかし、中には恋愛関係に入ったおかげで、成績が良くなった男子学生もいる。成績を上げないと、女子学生から振られてしまうという恐怖心から、必死で勉強するからであろうか。それはそれで良いことではあるが。

他者への無関心

天津では四月に入ると春めいてきて、五月には一気に初夏へ突入という感じで、春の季節が短い。それを惜しむかのように、よく学生と遠足した。一年生のクラスと一緒に水上公園を散歩し、そのあと時代奥城での食事会に招待を受けたことがあった。このクラスには熱烈な恋愛関係にあるカップルが存在していた。授業中でもそうなのだが、散歩中二人は肩を寄せ合って歩き、時には顔をぐっと近づけて接吻でもしそうにしている。私はそれをちらちらと眺めながら、クラスのみんなと一緒の時ぐらいは離れて歩けよ、というらだたしい気持ちにさせられていた。クラスの同学たちの目を全く感じていないようなのである。

数日後、そのクラスの有志何人かと食事をしているときに、君たちはA君とBさんのああいう行動について何も感じないのか、と聞いてみた。そうすると、学生らは、いや全く関係ないですよ、関心ありません、という返事。そういうことなのだ、と初めて得心がいったような次第。つまり、クラスの面々も、問題のカップルも、自分および親しい人たち以外の人間の行動は、全く無関係なので、ちっとも気にかけていないのである。日本人の私は、集団の中ではあまりイチャイチャしてもらっては困るな、という集団の目で見ている

八期生と水上公園を散策・後方に天塔

ことになるのであろう。こういう原則的観点からすると、これまでやや不可解だった中国人のいろいろな行動がよく理解されてくるように思えたのである。彼らは人前でも自分の権利や志向に関しては貪欲なまでに自己主張する。自分の責任が問われるようなことが出来したとき、あくまでも自分がわるいのではなく、ほかの誰かの責任、争っている相手に、あなたの責任ですよ、と強く言い張る一方、他人のそういう状況に関しては、まわりでニヤニヤしながら好奇的に眺めている、そういう中国人の対応がよく理解されてくるように思った。自己の責任問題では、中国人特有の「面子」が関係してくるのだとも思うが、要するに他人の目、世間の目は、日本人のように強く働いていないのである。

その他

ある学生が怒っていた。どうして中国の大学はあらかじめ行事の予定を早めに知らせてくれないのだろうか、と。学生からすれば自分の予定が立てられないのである。日本の大学に留学した学生だからなおさらのことだ。日本の大学ではずいぶん前から予定を公表する。学生はそれに合わせて自分の行動計画を決めることができる。しかし中国ではいきなり「命令」がやってくる。その命令が来たら取るものも取りあえず、とにかく駆けつけてその命令を実行しなければならない。これはまことに軍隊の兵士が上官の命令を受ける関係のように見える。先にも触れたが教師は学生のことを〈孩子《ハイズ》〉と呼ぶ。「子供」という意味である。教育機関の若者に対する訓育的統制的な性格が顕著に出ていると感じる。ただし、予定を立てにくい中国的な事情もあるのだが。

五　学生の面子

面子とカンニング

ある年度の一年生の後半の聴解授業。二期生のある学生が、私の質問に教科書の最後にある付録のスクリプトをそっと見ながら答えたことがあった。私は、そんなことをして正解を答えても何の意味があるのだ、「没有什么意思呢！」と怒鳴ったことがある。私の中国語が通じないのか、あまり恐縮していない。ここの「意思」は「意義」とすべきであったかと思うが、それはともかく、こちらの質問には中国の学生は必ず何らかの答えを用意している。分から

授業風景（六期生）

ない場合はここの例のようにあらゆる手段を講じて正解を答えるように必死になる。おそらくこれは、クラスのメンバーに対して、自分の面子をつぶすことになるので必死なのであろう、と思い始めたのは、数年後のことであった。「面子」は中国人の行動を理解する上で重要なものであることを知識として知っていたが、実際にこんな場面でそれが作用しているとは、思いもしなかったのである。

自分は常日頃、練習によって日本語能力を伸ばすこと、間違っても良い、教室は間違える所、などと学生に言い聞かせてきた。しかし学生はその真意を全然理解していない。日本の蒔田晋治氏の詩に「教室はまちがうところだ」というのがある。しかし中国ではそんな悠長なことは言ってはいられないようだ。

二期生に漢字練習の宿題を出した。他の学生の丸写しが多い。この宿題に私は朱を入れ、作業をしながらうんざりというか、むなしさを覚えたことがある。ある日の宿題の答案について言うと、クラスの約三分の二の回答がほとんど同じであったことである。三分の一の人は真面目に辞書を繰って数十個もある日本漢字の音・訓を調べているのである。作業としては苦しいのだが、それは自分の身に付き、日本語の聴力を高めることにつながるのである。同学の答案を「利用」した学生は労せずして宿題の義務を果たすのだが、そういうやり方では力が付かない。同じ誤りに何回も同じ朱を入れながら、私は虚しくてどうしようかと思い悩み、ほんとに自分の力を伸ばしたいと思う者だけ提出してほしい、と言ったことがある。しかし全員提出する。内容は自分で調べたであろう人が多かったが、それでもまだお互いを利用し合っている者がいた。学生としては宿題を提出しないと成績評価に響くからだと思っているのである。

中国の学校教育はそのようになされているわけだから、学生としては提出せざるを得ないのである。指導する側としては、学生の日本漢字に関する能力を高め、ひいては聴力を高める意図でこういう宿題を課しているのだが、学生にはその意図が真に理解されていない。日本の学生に比べ中国人学生の方が成績評価という点でより切実で現実的であることは否定できない。ここでも、将来に向けて学生の能力を高めたいという教師の意図や目的が現実性という観点から少し乖離していると見なされ、今学期の成績評価の方が重要視されているわけである。おそらくカンニングなども同じような考え方で行われているのではないか。科挙に見られるすさまじいまでのカンニングへの執着から判断して、この一時の「不正」を呑み込んでさえしまえば、富貴や快楽が得られ、親や親族に対する自己の「面子」も保持される、というように考えているからなのだろうか。手段はどうあれ結果が問題なのであろうか。

中国人が公的な場で行動する際に、規則や正しさのみならず、自分の志向や意図や願望そして「利」も判断基準の一項に加えやすい、と私は感じる。たとえば、私が非常勤で行っていた日本のある大学で多くの中国人留学生の受験者も参加した試験の監督をしたことがある。私は教壇上から時々見回す程度で、机間巡視をしなかったが、その試験の成績は予想外の「好結果」となったことがある。それは私の責任だと思わざるを得なかった。不正行為とされているカンニングでも、実際の試験場で私のように監督者が甘い監督をしていてカンニングが可能な状況になれば、カンニングすることをそれほど悪いこととは思わない、という人が現れることになる。それは監督者の責任であって、そういう状況において自分にとって利のあることについてはそれを利用しない法はない、と考える人もいるということである。利用してしまうのは、それが高い点数がとれることにつながり、試験の合格・家族からの賞賛・奨学金の獲得などにつながる「利」＝「面子の保持」がもたらされるからではないのか。

日本語能力一級試験（N1）受験準備のために、私は二期生以降、すべてのクラスに模擬試験を実施してきた。ある学年で模擬試験を実施したところ、その成績が変なのである。普段は劣等生と思われる学生が成績優秀者と肩を並べている。何らかの不正か協力関係があったものと考えられた。私はメールで師範大の教員に次のように述べた。「N1試験の本番でカンニングするならまだしも、模擬試験でずるいことをするのは、自分の能力を正確に判定する目的を持った模擬試験の目的に沿わないし、どうしてそのようなことをするのか、自分には全く理解できない。自分は学生から舐められてもよいので、学生の自律性を信じて、次回以降も従来通り、厳しい監督をしない模擬試験を続行する」と。中国人同僚はどのように思ったか知らないが、おそらく東は甘すぎるとかなり呆れていたのではないか。

定期試験やN1のような資格試験におけるカンニングは、見つからなければ「利」を得ることは明白で、そうした意図というか動機は、その行為を是認するわけではないが、十分理解できる。しかし自らの能力を高めるための模擬試験や教室での教師の質問に対する回答においても、カンニングをやったり、学友の援助を受ける心理が全くわからない。これには何らかの理由があるはずで、中国人教員は、先生にいい所を示したいという気持ちが有るのではないか、と言う。同学との学力差をはっきり示したくない、自分の実力を直視したくないというのもあるいはあるかもしれない。そうした気持ちは、それではどこから出てくるのか。

クラスの中での面子

あるとき上記の変な結果の模擬試験を実施したクラスの学生と食事をしながら話し合ったことがある。その時「できない学生も、小学校以来クラスの中で称号や栄誉を得ないと面子に関わるという習慣の中で学校生活を歩んで大学へたどり着いたが、その大学のクラスの中で、いくら成績が悪くとも、ある種の自尊的な地位の確保がないと、自分が立たない、親に対しても面目がないという意識が強く残っており、それが、〈ずるいこと〉をしてでも、一定の成績を確保しなければならないという脅迫感からカンニングをするのではないか」というような説明を彼から受けた。

しかし、日本語クラスの中で、日本語の能力が低く、他の人との差がありすぎることに恥を感じないのか、という疑問を感じる。一個の人間のあり方として、より重視すべき面子と比較的軽視しても良い面子というように、面子には重層性があり、より高次の面子を意識する人間に成長すべきではないか、という風にも感じる。しかしそうは簡単には言えない所に、面子の複雑さがあるのかもしれない。

その学生との議論の中で私は次のように彼に言った。《「ずるさ」を克服して、自律的・自主的な態度を持して大学を卒業したそういう人たちが社会の大多数を占めるとか指導的な立場に立ったときにはじめて「ずるさによる不公正な社会」が変革されるのだ。君の言うカンニングをしてしまうそういう人は、自分がうまくできない事に対して挑戦する勇気のない連中で、そういう連中が輩出されるままでは、中国社会はいつまでも「ずるい者」が得をする不公正な社会であり続けるだろう。君がそういう人にならないことを祈っている》と。

六　卒業生の進路

もともとこのプログラムの目標は、日本語・日本文化に通じた中国人青年を育てること、その過程で中国において日本語教育に任ずることができるような学力を獲得した学生をできるだけ多く養成することである。それが中国大陸における日本語・日本文化の普及につながることによって、中国人の日本理解を深めることを究極の目標としている。現在六期生まで、約百二十名の学生が師範大を卒業しているが、まだ三重大への再留学を残している六期生を除いて、上記の目標に対する達成具合についてここで一言しておきたい。

二〇一六年六月段階の全卒業生一〇〇名へのアンケートによる調査では、中国・日本・欧米等の大学院への進学または進学希望者がかなり多い。一〜三期の六一名（うち不明七名）は大体進路が確定されたと見なしてよいが、五四名のうち二七名が修士課程を修了している（一七名は三重大修士、一名が日本修士、四名は中国修士、五名が欧・米・豪修士）。それらのうちさらに日本の大学の博士課程で日本語・国際教育関係分野に進学しているものが三名いる。

就職状況では、中国の日系企業を含む一般企業等三八名（うち公務員四名、日本語教員一名、通訳・翻訳一名）、日本での一般企業が一一名、豪の企業と学校で二名（うち日本語教員一名）となっている。中国・日本その他の国において、日本語を教えている人以外でも、多くの人が日本語を使用して仕事をしていることがうかがわれる。

四期・五期生は、進学準備や三重大再留学などで、進路未定者が多い。現在判明している限りで言えば、四期生（三重大修士三名、日本修士二名、欧米大学二名、就職は中国企業等六名。日本在住一名。就職者の中には弁護士や教員を含む）・五期生（三重大修士二名、日本修士二名、中国企業三名）となっている。三重大修士進学が大きく減少し、日本の他大学修士への進学が増加している、という傾向が近年見られる。

三期生までの結果を見る限り、まずまずの成果が上がったと見るべきであろう。

V　老人の観た中国

一　両国文化の相違

陳舜臣『日本人と中国人』（祥伝社一九七一年）、この本は昔読んだがほとんど忘れていた。今回あらためて読みなおしてみた。しばらく生活して中国は異なる国だという感を深くしたこともあり、陳氏が日本と中国のそれぞれの文化を対比的に鋭く捉え、「たがいに似た点をもとめるよりも、できるだけ相違点をさがし」た方が相互の理解を促進するという意味で賢明であると力説している点で、おおいに感銘を受けた。本章において、私が観たり感じた日中文化の相違について述べてみたい。まずは簡単な比較から。

庭園・自然観の相違

最初は、自然観の相違に関するもの。私は師範大を初めて訪問し、その正門（八里台にあった旧キャンパスの）を入ってすぐに展開する庭園を一目見たとき「あぁこれが中国の庭か、人工的だなぁ」という感想を抱いた。三重大のキャンパスにある茂みや樹の植え方に比べると、中国のは整然としていて、パリのルーブルの庭園の様子によく似ているのである。大陸のものがすべてそうだとは言えないだろうが、日本の庭はそこに自然がそのままあるように意図されていると思う。陳氏は、中国人はシンメトリーを愛するという言い方で同じことを指摘している。

酒席での礼

三重大から偉い人がやってくれれば、歓迎会を行うのが以前は恒例だった。二〇一五年だったか、上からの通達により、公費での飲食が制限され、資源保護の観点からあまりたくさんの料理を出さないようになった。余れば〈打包《ダバオ》〉といって持ち帰る。それでも外国からお客があるときは、一定の制限のもとで歓迎の宴が開かれる。私は中国の宴席はかなり経験したから、歓迎会などにはそれなりの礼法があることは知っている。日本で知り合い同士でやる宴席とはわけが違うのである。ところがそういうことを知らない日本人が、丸テーブルの宴席で礼法に外れる振る舞いに及ぶことが多いのである。〈入乡随俗《ルーシアンスイスー》〉（郷に入れば郷に従え）と中国人はよく言う。中国に行けばその流儀に従うのが客人の仁義であろう。

まず座席の設定が中国流である。それはここでは省略するが、お客さんが来た時の円卓酒席での酒の飲み方にはいちおうの決まりがある。三重大からはじめて中国を訪問した人たちの隣で、またあるだろう次の宴席のためにご進講に及ぶことは何度かあった。要するに中国人は酒席では一人で酒を飲まない。必ず誰かと杯を合わせてから飲む。独酌して一人で飲むのは好ましくないのである。円卓の意味は皆で顔を合わせながら共飲共食、ということであろう。中国人はそういう席では、会話にしても酒の飲み方にしても、料理の取り分けなども、実に細やかな心遣いをして、その席を皆で和やかなものにする習慣がありその工夫を用意している。陳氏は中国には「無礼講」はないと明言している。日本式「無礼講」を中国に持ち込んではなるまい。円卓酒席で私が経験した行儀の悪い一部同僚の醜悪さは、礼の国たる「中華」の人には、まさしく「野蛮な東夷」そのものと映ったであろう。

ついでに言うと、中国人は日本人のように二次会をやらない。もう一次会で腹一杯飲食するのだから、二次会などは考えられないのだ。もし一次会で満足しない人がいれば、それは客人を十分接待しなかった主人の責任である。いちど大晦日の夜に学生たちとコンパを開いたことがある。彼らが私を招待してくれて中国人の経営になる日本風居酒屋「御徒町」で大いに頂いた。私はその時、年越しソバを食べたくなり、返礼の気持ちもあって、学生たちを「うち田」という日本流のソバを食べさせる店へ連れて行ったことがある。学生たちからすると、ここでカラオケでも行くのであればまだ理解できるが、もう一回食事をするというのはどうか、というんざりと言うか怪訝な面持ちであったことを思い出す。

買い物の支払い

次に、買い物の際の料金の支払いについて。デパートや大きな電気店などでは、日本と異なり、お客はまず売り場の人が書いた伝票を持って「収銀台」という精算所でお金を払う。その領収書を持ってもう一度売り場へ行き、商品を受け取る。この支払いと商品受け渡しの二元方式の淵源はどこにあるのだろうか。責任の分担という中国の社会にとって基本的な考え方に沿ったやり方から来るのであろうか。またお金の管理は一人に任せないとトラブルの起きることが懸念されているからだろうか。お客から言うと結構面倒くさいのである。日本でも明治・大正期にはそうであったのかもしれないが、日本のデパートである「伊勢丹」でさえ中国式である。さすがにスーパーは近代的なのか、買い物かごを片手にレジに並んで支払いをするのだけれども。

道を尋ねると

中国人に道を聞いた時、知っている場合は、大体こっちの方向、とかあそこを右へ曲がれ、とか教えてくれるが、知らない場合は全く素っ気なく「不知道」と言ってさっさと行ってしまう。日本人の場合、都会などでは人によってそういう場合もあるが、大体は「すみません、分かりません」などと謝らなくていいのに申し訳なさそうに返答する場合が多い。見知らぬ人に道を聞かれて自分が知らなければ「知らない」と答えるのはまことに率直なことで、当然である。ただ同じ知らないのでも、相手に対する対し方が日本人と中国人では異なるのは、やはり国民性というべきであろうか。私は、中国人には日本人とは異なる「中国的合理性」が生活の隅々に存在していると思っている。道を聞いての返答の仕方もその一例だが、対人関係における中国人の態度を「合理的」とすれば、日本人のは「情理的」とでも言ってよいように思う。私が中国に住み始めた当初、中国人から素っ気なく返答されると胸にグサッときたものだが、「心と心をシャリシャリと擦り合わせ」られないことに苛立ったフランス留学の日本人と同じ心境だったのだろう。しかししばらく経つと何のことはなくなった。私も中国的になりつつあったのかも知れないし、それほど中国の生活に慣れたとも言えよう。

二　中国生活雑感

伝統文化の変容

全国チェーンのレストラン「小南国」での学期の打ち上げ会をしたときのこと。上海料理のその店では、黒い箸と白い箸が並んでおいてある。服務員の説明によると、黒いのは取り箸、白いのは個人が食べる時のもの、とか。これを聞いて、ああ中国も個人が「関係」から次第に切り離されつつあるなと感じた。中華料理の精神、共食の基本的な考え方そのものが変容しつつあるのだ。直箸は日本人には嫌われる。中国人は、親しい人や重客に対して、主人は自分の箸で料理をつまみ、客人の皿に置くことが、歓迎や親しみを表す方法である。家族と同様なつきあいをする。変な言い方だが、箸を通じて唾液を混ざり合わすことになり、接吻と同じになる。そういうつきあいを許容することが「チーファン（吃飯）」なのだ。しかし日本人はこの習慣を嫌がり、私の妻などはいつも中国の宴会はいやだ、と言っている。食べたくないものもそこに盛られるということもあるが。もし日本人でもその他の国の人でも中国人の主人から皿に取ってもらったものを食べない人がいたなら、主人に対して失礼になり、成り立つ商談もご破算になったであろう。ここにも伝統文化の変容が存在する。

若者の中には、こういった傾向を歓迎する向きもあるとのことで、中国の伝統文化も次第に変化しつつあることが読み取れるかもしれない。中華料理の円形テーブルによる集団的な摂食方法から個別の皿に盛る個食的、西洋的な方法への転換も次第に現実的なものになりつつある。実際、協定締結時の二〇〇六年頃、我々三重大同僚で滞在ホテルのレストランのコック長に、一人分で適量のランチなどをメニューに加えてほしいと要求したが、コック長は伝統に従って か頑として首肯しなかった。しかし二〇一五年くらいから留学生に対して、昼食時には量的に少なく料金も安い一品料理のメニューを始めたのである。「小南国」であったことと同様、最近の賓館の会食でもスプーンが必ず付いてくるようになった。日本の取り箸である。招待した人はそのスプーンを使って、客人の皿に料理を運んでいる。やはり伝統というのは、特にグローバルな時代、異質な文化と接する際には変容を余儀なくされるということか。

規則から自由な？中国人

交通規則がある。それは事故を起こさないために設けられている。私はかつて、柵でセンターラインが仕切られた広い通りを、ミニスカートをはいた女性が悠々と柵をまたぎながら渡っていくのを見たことがある。また広い交差点を斜めに横切っていく歩行者を何度も見かけた。私の観察によれば、中国では、ゆっくりと一定の速度で歩き続ければよほどへたくそな運転手でない限り、滅多にひかれない。運転手が歩行者の運動速度が一定な為に行動範囲を予測できるので、それを避けて運転できるからである。だから歩行者をはねた交通事故を見かけたことがない。ただ、二〇〇四年当時に比べ、二〇一六年までに徐々にそのような不埒な人間が少なくなっていったことは確かで、中国も次第に交通規則が浸透しつつあるな、という感想をもったことがある。というよりも、車同士で考えてみたら、信号を遵守した方が自動車の運行がスムースにいくことをドライバーも察し始めたのではなかろうか。そういえば郵便局や列車の切符売り場の行列でも、八〇年代とは異なり、列を乱す人がほとんどいなくなったというのが私の実感である。

中国人は「利（利益や利便性）」がある方に傾く、「理」があっても「利」がないとその制度などはすんなりとは受け入れられないのだ、というのが中国社会を理解するときの鉄則なのかな、とも思ったりする。そんなことは当たり前で、日本やアメリカでも同じ事だ、と反論されるかもしれない。しかし中国では制度や規則という公的な拘束に従わせるためには、相当な「利」がないと難しいとは言えよう。

そういう風に思うのは、本書で述べる事柄にもたくさんそれと同じような事情が察知されると思うが、ここでは歩道の歩き方という瑣事から考えてみよう。中国の友人と夜の大通りを歩いていたときのこと。普通日本だったら歩行者は車道の両側にある歩行者専用道路を歩く。ところが歩道は舗装されてはいるがレンガがでこぼこして若干歩きにくい。と見るや、友人は歩道から降りてきれいな舗装の車道を歩き始めたのである。私は車道は危ないよ、と言ったが見向きもしない。私も倣って車道を歩いてみた。こちらの方がずっと楽なのである。楽であると同時にマンホール陥入の危険を避けるためかもしれないな、とも思った。日本だったら自動車に警笛を鳴らされるだろう。しかし中国はその点鷹揚なのである。私はこういうところに、ある意味で規則に盲従する日本人と異なり、自分の判断で規則からも自由に行動する中国人の「自立性」とか「合理性」を感じ取ったのである。そこには、自己にとっての「利」が存在することは言うまでもない。

老人に親切な若者

中国の若者や中年者は老人に対して親切である。バスや地下鉄での席譲りはその典型である。ただ、中国には「パーリン以後」とか「チウリン以後」なる語があり、「八〇后」「九〇后」と書くが、一九八〇年代生まれ、九〇年代生まれを意味し、そういう若者と自分たちは意識や心理面で少し違うということを表現するための「おじさん」や「おばさん」が使う言葉である。九〇年代に生まれた人は、二〇一七年現在では二七歳～一八歳くらいである。三〇歳位以上の人から見たら、宇宙人的な感覚で毎日を送っている若者ということになるのであろう。二一世紀生まれの「〇〇后《リンリンホウ》」は老人には不可解な世代となるのだろうか。私の経験では、「八〇年代」の若者は席譲りに積極的で、「九〇年代」特に高校生などは車内の老人をほとんど無視している。これは観察機会の限られた私の偏見ではないと思うが、何かしら若者の間に変化が起こっているような感じがした。しかしそういう若者も、両親が共に働く家庭がほとんどの中国では、一人っ子政策によってどちらかの祖父や祖母に幼児の時から面倒を見てもらっているのだから、老人に対して敬意を払うことが一般的な社会通念なのであろう。二〇一六年一月より、一人っ子政策が撤廃され、一夫婦二人の子供が可能となった。さて若者の意識は今後また変化せざるを得ないのだろうか。

「察しの文化」は通じない

日本人の対人関係のあり様は、よく「察しの文化」という語で表現されることがある。中国へ来て自分がいかに「察してもらう」甘えの中で生きてきたかを痛感せざるを得なかった。いろいろな人間関係、特に仕事上の関係において、こちらの意思を明確に示さないとほとんど無視されてしまう、という環境の中に投げ入れられたときに、日本人は不平や不満、時には疎外感を感じてしまう。私にとって職務を遂行する上で必要な情報はかつては黙っていてもなんとなく知らされてきた。しかし中国で働いてみると、それは日本で恵まれた境位にいたからにすぎない、ということを痛切に思い知らされた。あくまでも自分はかくかくしたい、これこれのことを知りたい、と積極的に要求しなければ相手から必要なレスポンスや情報を引き出せないのである。「察しの文化」とは対極的な「自己要求の文化」とでも言おうか。自己主張の強いとされる欧米人の行動様式と中国は似た文化様態であり、他者に対する個人のあり方という点では日本は特殊なのだと実感したわけである。夫婦といえども、中国の路上での夫婦喧嘩のすさまじさにそれが表れているのだろう。

中国人は、日本人が自己紹介などでよく言う「よろしくお願いします」という言葉を普通は発しないと聞いた。中国語には〈请多关照《チイントゥオグアンチャオ》〉という言い方があるが、それは日本人の「よろしくお願いします」を翻訳するためにわざわざ作られたものだそうで、中国人は決してそうは言わない、自分は誰々です、としか言わないとのこと。もしそれが本当なら、ここにも中国人のもつ「他人にベタベタしない、してはいけない」強い意志を見て取ることも可能であろう。相手に自分の気持ちを察して欲しいなどというような甘えは微塵もなく、自分がそうしたかったら自力でそうするという考え方なのである。

三　中国人は無愛想？

お礼を二回も言わない

日本人からすると中国人は無愛想に見える、と日本通の中国人から聞いたことがあるし、私もそう思う。例えば、昨晩の食事をご馳走になった場合、相手に翌日会った時、あるいは数日後に会った時でも、日本人であれば、昨晩はあるいは先日は、ありがとうございました、とお礼を言う。そういう挨拶をすることによってお互いの間に潤滑油を入れる。しかし中国人は絶対そのようなことは言わない。「絶対」というのは言い過ぎかも知れないが、私はほとんどの場合そういわれたことはない。だんだん私も中国的になってきたのか、天津にいる間はそういうお礼を言わなくなってきた。これはなぜであろうか。日本人から見たら、礼儀知らずだということになるであろう。

ある中国通の説明によると、翌日などに改めてお礼を言うと、そのサービスをもう一度要求しているように誤解されるから中国人は再度のお礼を言わないのだという。そういう経験は確かに私にもあった。しかしそればかりではないようにも思う。

つい最近、私の家で天津の学生二〇名を招待して食事会を催したことがあった。妻は数日前から準備で大忙しであった。その食事会が終わって拙宅を辞去するとき、学生たちは「ありがとうございました」とお礼を言った。翌日、翌々日に何か学生たちからお礼のメールが来たか否か、妻がしきりに私に問う。私はそのあたりはよく分かっているので、いや

五期生の拙宅訪問

ないよ、と平然と答える。これが彼女にはやや憤慨ものらしい。日本人なら昔だったら葉書か何かでちょっとお礼を言うのが礼儀であった。彼女に言わせれば常識がないということになる。そこで私が説明する。家を辞去するとき、彼らは礼を述べたでしょう、中国人はあれで一つの区切りをつけるのです、次に我々が何かお世話になるときがあれば彼らは一生懸命お世話をしてくれるはずです、葉書などでお礼を言うのは余計なことなのです、そういう意味では中国人はクールだと思う、などなど。おそらくは〈翌日また礼を言うなんて、友達じゃない〉という感覚である。中国人だったら見知らぬ人と一緒に食事をする筈がないから、知人に何度も挨拶するのは、相手との間に距離を設定してしまい、疎遠な感じになるということであろうか。私が中国に住み始めたとき、最初は妻と同様に腹を立てていた。しかしだんだんと中国人のものの考え方を理解するようになってから、気にならなくなり、私自身もたとえば昨日お世話になったことなどについてお礼を言わなくなった。それで中国では何も問題は起こらないのである。ここにもまた文化摩擦・異文化理解の問題が存在する。

たとえばこういうことがある。ある中国人研究者から頼まれて日本の財団に研究助成金の推薦文を書いたことがある。こちらとしては一生懸命書いたのでその結果がどうなったか気にかかっていた。かなり時間が経っていたが尋ねてみたことがある。ダメでしたという返事のみ返ってきた。日本人としてはちょっと失礼ではないか、という感じがしたのだが、どうも中国人にとって一般的にはこのようで問題はないらしい。

また、私も多くの卒業生から頼まれて他の大学や大学院へ推薦状を書いた。しかしその結果がどうなったか、本人からの報告やお礼がほとんどない。むしろ他の卒業生からその結果を聞かされる場合がある。こういう時、かつてだったらその学生に苦言を呈した。しかしあるとき以降、何も言わなくなった。中国人のやり方、考え方がおおよそ理解できるようになったからである。おそらく推薦状を書くと承諾した人間、つまり私は、承諾した以上私の責任＝分を果たしたのであって、それで良いのである、という考え方である。

日本にいるときでも、友人からこれこれのものを送ってほしいと言われて、かなりの重い荷物にして送ったが梨のつぶてである。受け取ったのか受け取っていないのか、返事がないのでこちらはやきもきしたことがある。その後中国に旅行してたまたま会い、あの荷物は着きましたか、と聞いてみると、受け取りました、とそれだけである。日本人としていやはやなにをかいわんやの感じなのである。

こういう事例に遭遇してみて、中国人はなんて失礼な人たちなんだろうと内心不愉快に感じる日本人は多いだろう。しかしこれも文化摩擦の一種ではないかと思う。私の考えでは、人にものを頼むときにはよろしく、というのは中国人でも同じだ。ただ中国人の場合、一定の人間関係の下において依頼し、相手がその依頼を受け入れ承諾するのは、受け入れた本人もまた諸々の関係をバックにして自らの責任において為すのであって、依頼する側の責任においてではない。依頼の時の言葉ですでに「お礼」はすんでいるのである。実際ものを依頼するメールの文章の最後に「謝謝」と書いてある場合が多い。推薦状の場合、その結果は、それを書いた人間の責任ではなく、むしろ当事者本人の資質や資格、あるいは推薦者を受け入れる組織などの問題であって、特に被推薦者を誹謗中傷するような内容でない限り、あくまでも推薦を依頼した人間の責任に属することである。だから推薦状を書いた人間には何らの責任も生じないから、結果は知らなくても良い、ということなのではないだろうか。

中国人の責任観念

いま、中国人の「責任」に触れた。以下では、中国人の責任観念について私の理解を少し述べてみよう。

例えば、Aさんから要望された書籍などを、Bさんに託して差し上げた場合、普通日本人同士なら、Aさんが必ず私にお礼を（遠方であれば手紙などで）言うはずである。私もBさんにお礼を言い、Bさんも先日渡しておきましたよ、などと言うはず。こうして日本人的な融和な関係の環が結ばれる。しかしAさんBさんが中国人である場合、そうはならない。事情はなしのつぶてである。こちらが気にかかって、あれはどうしましたか、もう入手されましたか、と訊くと、はいもう受け取りましたと平然という。こういう行動の理由を私は次のように理解する。

「分」の考え方である。まず、Aさんが私に要請した時にすでに礼意を表しているはずである。その礼意を受けて私はBさんにお願いする。Bさんも私の礼意を受けて了解し、そしてAさんに渡す。この最後の場合、AさんがBさんに礼意を示すかどうか、おそらくはほとんど事務的なものだ。こうしてこの一連の手渡しは終わる。それぞれの構成者はそれぞれの責任＝分を果たしたわけである。その分を果たす際にすでに礼意の履行はすんでいる。というよりも、それぞれの役割＝分について、中国人的発想をすれば、三者とも自分の役割を了解していて、その役割＝責任をきちんと果たして問題なければ、お互いどうのこうの言うことはない、という感覚であろうか。もしAさんに届かなかった場合、Aさんはどうするのだろうか。私に催促するだろうか。その経験は私にはまだない。

もう一つ、「分」と関係して「領分を守る」という考え方が中国の人には強いように感ぜられる。郵便局や銀行などで、現在はサービス精神が旺盛になってきているが、一九八〇年代に各地に旅行した経験からすると、自分の守備範囲を守ることが厳しいくらいに実に堅固なのである。どんなに自分の窓口が手すきでも、隣の長蛇の列の窓口を助けようとしない。日本人なら「こちらへどうぞ」とか言って長蛇の列を取りさばこうとする。しかし中国の職業人は自分の責任が問われるようなことは絶対にしない。助けられる方も余計な手出しはいらない、という考え方であろうか。困るのはお客だけ。だから他の人の領分には絶対手を出さない、という風に見受けられること数次に及んだ。これは中国は古代から官僚制が発達していたことと関係があるように思われる。もちろん近代官僚制とは似て非なるものとマックス・ウェーバーは言うのだが、その類似性が際立っている。監察制度などは近代官僚制以上のものがあるのではないか。そういう伝統に慣らされた中国人、特に官吏・役人の行動原則には「名分」という儒教において重視される考え方に基づいた、「分業原則の遵守」があるように思う。

責任と分業の観念

留学生のパスポートの更新か何かで、役所に提出したパスポートが、留学生の旅行の出発に間に合わず、旅行は取りやめとなったという話を留学生から聴いたことがある。私にも自分のパスポートが出発ぎりぎりまで戻ってこなかったことがあり、幸い出発の前日の午後四時に手に入ったのだが、まことにイライラというかやきもきさせられた経験がある。どうして、と聞いてみると、大学の担当の人はかなり前から役所に持っていって許可を求めており、なんの落ち度もないのだが、相手の役所、それは三カ所位を書類がまわることになるようだが、それぞれの部署でサインをするリーダーが会議や出張でなかなかサインが得られず、最後の部署でもぎりぎりまでリーダーのサインを得られなかったための結果だという返答だった。私の所属している学部の教職員でも、学院長が忙しいため、学院長を捕まえるのが一苦労で、よく賓館のロビーで学院長がサインをしており、そこには列ができているという光景に出くわしたことは一再ならずあった。

こういう風の事務処理の不合理さ（遅延）は、王朝時代からのしきたりかもしれないが、根底には、責任の所在をはっきりさせておこうという、中国的な習慣というか考え方が伏在しているように思われる。日本だって係長から部長までのハンコをもらわないといけないじゃないか、ということ以上に、何かこの国の事務処理には、サインに伴う権限（権力）の行使（＝責任の所在）という感覚がかなりきつく存在しているようにも感じられる。権限の行使という観点から言えば、それぞれの係は、絶対に自分の責任を問われるようなことはしないし、自分から進んで、他人の責任というか業務を引き受けるなどということはあり得ないわけである。

四　計画は変化に追いつかない

予定がたたない

〈计《チー》划《ホア》赶《カン》不《プ》上《シャン》 变《ビエン》化《ホワ》〉という言葉がある。直訳すると表題のようになる。意味としては、「計画を立てても現実がどんどん変化していくので、計画が追いつかない」ということになろうか。

ある時こういうことがあった。天津市市長の主催の下、師範大学が協定締結している世界中の提携大学の学長を集めて協定書の調印式を開催したことがある。日程は六月のある日に決められていた。ところが、天津市長が当日重要会議に出席する必要が生じ、一週間の延期が各国の大学長に通知されたのである。そのために三重大学長がアメリカ出張との日程重複で予定がたたず、大いに調整に困惑したことがある。調印式開催日の変更理由が天津市長が参加できなくなったためというだけで、日本人にはよく分からないし、グローバルスタンダードではないことでもあり、三重大学事務局では出席不可能の事態も考えたようである。実際カナダのある大学の学長は、以前の約束の日程で天津を訪問し、変更された本会議では副学長が出席するという措置をとったと聞いた。

こういう例は、身近にもいっぱいある。歓送会や歓迎会の開始時間、会議の場所、付添人の変更などなど。列車の到着が遅れたとか、病気になったとか、交通事故などの不可抗力的な理由も多々ある。私自身はこういう場合の中国人の臨機応変の考え方、的確な判断そのものは合理的なものであると思う。ただ例えば大学の卒業式の日程がなかなか決まらない、つまり「変化に追いつかない計画は立てるべきではない」という考え方から数週間前でも決定できないとしたら、それは我々日本人の常識に大いに異なっていると言わざるを得ない。つまり多くの人の予定がたたなくなるからである。三重大学では卒業式はもう一年前から三月二五日と決まっているのである。それでは中国ではどうしてそうなるのだろうか。

たとえば師範大の学長は公人としていろいろな課題を抱え、その解決のためにいろいろな人と関係を持ち、その人たちの援助を仰ぎながら問題解決を図る必要があるとしよう。そういう重要な関係者との約束を、すでに取り決めてある公務日程を盾に断ることは難しいだろう。いきおい予定の公務を変更してでも重要な関係者との会合に臨むことになる。だからできるだけ卒業式などの公務の予定はぎりぎりまでペンディングにしておいた方が悩まなくてすむし、学長としての課題解決にはその方が適合的な選択となるのである。おそらくは、たくさんの公務や関係者との約束は、優先順位をつけて処理されることになるのだが、その優先順位の付け方や日程調整の仕方が、国柄によって異なるのである。

そんなことを言ったら、日本の学長でも同じではないか、ということになる。しかし一年前から決められた卒業式の日程は重いので、優先順位が高くなり、特に卒業式などの公務は学長の仕事として重要だという認識が社会一般にあるので、文科省も卒業式の日にヒアリングをします、などとは言わず、調整の上別途の日程に落ち着くことになる。そこにある相違は、中国の場合、特に政府や党の重要なポストにある人物との約束が、緊急ではなくとも、十分重くなるのであって、その点が日本の事情とは異なるのであろう。つまり人間関係の重みが中国では無視できない形で公的な日程や個人の行動を制約しているのである。

人の悪口は言わない

林語堂『中国―文化と思想』（講談社学術文庫）の中国人論が面白い。忍耐（権力者の横暴に耐える）・無関心（人のことをとやかく言ったりかまったりすると政治的災厄を招く）などは、私にも中国での生活体験から忍耐強い中国人や他人に無関心（を装う？）な中国人がいっぱいいることは理解できる。それでは中国人が人前では決して他人の悪口を言ったり、その人に面と向かって罵倒したり失礼なことを言わないのは何故か。複雑な人間関係が背景にある。私の観察するところによれば、吉野源三郎『君たちはどう生きるか』（岩波文庫）に出てくる「人間関係網目の法則」が中国社会を縦横に、日本社会よりもっと緻密に張り巡らされていることによって、Aという人を批判すると、そのAさんと関係のある人が、もしかしたら批判した人の上司であったりする可能性がある。あるいはAさんの親が党や政府の偉い人でないとは言い切れないのである。中国は夫婦別姓だから、父方の姓を名乗る人物の母親とのつながりは、姓では判定できない。その人の親族や交友関係をよく知っていたらいいようなものの、思わぬところにその人と関係のある重要人物がいるかもしれない。どこから怖いものが出てくるか分からないから油断はできないのである。他人のことをとやかく言わない方が賢明である。

五　中国人の人間関係

中国人の人間関係は「もやい」

南開大学で日本語を教えていた山城智史氏（現名桜大学教員）が中国人の交際術のあり方について上手な説明をしていた。例えばAとBが一緒に食事をする。Aが支払う。割り勘にはほとんどしない。日本人は、その場でお互いの負担をイーブンにしようとして、割り勘にする。中国人の場合は、両者の負担のイーブンさを将来を見越して考えている。次の機会には、Bが払うことになる。そのようにして、関係を持続させていく。山城氏は、沖縄の「もやい」という仕組みをそこに援用していた。辞書的には、「協同で一つのことを行う（一つの物を所有する）こと」（明鏡国語辞典）である。元々は「舫」で「船と船とをつなぎ合わせること」（広辞苑）で、そこから転じて「共同でする」「一定のものを共有する」の意味で用いられるようになったのであろう。私の故郷は三重県南部の漁村であるが、そこでもこの語は同様の意味で使われる。黒潮に洗われるところ、否東アジア一帯の漁村に普及していた考え方ではないか。山城氏は沖縄における共同行為を示す「方言」で中国人の交際流儀をうまく説明してくれたわけである。つまり一定期間の交際に必要な金額の総額を二人が少しづつ交互に負担している、と考えれば良いだろうか。二人が何人にでも増えるし、またその金額の負担は厳密に全く同量というわけでもないだろう。このような考え方は、現代日本人にはなかなかわかりにくい。「両者の負担のイーブンさをその時その時で清算しておく」というのが「合理的」な割り勘関係、それぞれが「自立」し合っている関係だというのが日本人的な考え方ではなかろうか。しかし夫婦の場合はおそらく「もやい」的な考え方が主流であるはずである。

中国では、お金ばかりではなく、相互の便宜供与もこのような考え方によっているらしいことは十分推測できる。公平公正を重んじる日本人の多くから、あるいは近代的な発想を重視する人から非難される「グヮンシー（関係）」も恐らく上記の考え方から生まれてくるのであろう。

人間関係の諸相

中国人の他者との関係の親疎にはそれぞれ段階がある。よく知られた自己人・熟人・外人である。「民工回家」という映画がある。寒い時期に工事現場のエレベーターにたまたま乗り合わせた二人の男、エレベーターの電源が切られて途中でストップしてしまい、二人は中に閉じ込められたまま一夜を明かさざるを得なくなる。二人は服を脱いで互いにこすり合い抱き合いして明け方を待つ。そうして幸い凍死から免れて助け出される。二人の一方は地方政府の幹部であり、もう一人はその工事現場の作業員（農民工）である。その夜の事件以后、二人はお互いの生命を助け合った恩人同士としてあらゆる面において協力関係を持つ人間、つまり「自己人」となる。お互いを全く知らなかった「外人」の二人が、一夜にして「自己人」の関係を有する二人となったのである。自己人となった二人は互いの足らざるを補い、協力し合うような関係を維持するようになる。

ところで私は師範大の教員となって以降、多くの師範大関係者と知り合いになった。そのうち次第に毎日話し合ったり、時には食事をしたり、いろいろとお世話になる教員が生じる。こういう人が私にとって「熟人」という部類に属する関係の人である。こういう三種類の人を日本語で表せば、「身内・親友」「知り合い」「赤の他人」となろう。同じ「熟人」でも親疎の差がそこには含まれるのは当然である。日本人でも同じように、この三種類の関係の人とはそれぞれのつきあい方があるというものである。

「外人」を除いては、それぞれの関係の縁源は、血縁・地縁・職業・交際などなど、いろいろな縁によって結ばれる。しかし中国に独特なもので、日本には見られない人間の結合関係がある。それは、血縁擬制的な関係、義兄弟の関係である。私は「開国元勲朱徳」というドラマで、民国期の将軍同士、朱将軍と匪賊の長が「結拝兄弟」といって義兄弟の関係を誓約する場面を見たことがあり、これはおそらく歴史的事実であろう。また「中国式離婚」というドラマに出てきたように、ごく普通の市民同士の義兄弟結合もあり得た。先に少し触れた「老炮儿《ラオパル》」という映画に出てくる北京の胡同の老年・中年の男達の結合、若いお兄さん達の愚連隊的な結合には、二人関係はもちろん、集団的な強い紐帯を持った結合関係が存在した。こういう生死を共にすることも辞さない義兄弟結合は、中国古代、戦国時代以来の「任侠的結合関係」の伝統を持つもので、『水滸伝』などにも現れる、長い中国の歴史を貫いてきた人間結合関係である。

こういう男達の結合関係に倣ったのか、女性達の義姉妹結合が現代でも見られる。私が太極拳の練習をしていたサークルの中で、年若い女性が年長の女性を「～姐」と呼び、ある種の敬意を表していたことを覚えているが、これも擬制的な姐妹《チエメイ》関係であろう。最近でも「欢乐颂（歓楽頌）」というドラマがあり、上海で同じマンションに住む「五姐妹」が結合関係によって生活上の問題を解決していくという筋立てで、女性版義兄弟結合といえよう。

このような義兄弟（姐妹）結合関係は、通常の自己人関係よりもより強固なつながりを有しているとは言え、両者に共通するのは、私的な関係であり、互恵的関係でもある。相互に扶助し合う関係であるが、義兄弟結合の場合は任侠的な性格を有し、生命をも投げ出す種類のもので、中国人の人間関係は、通常の外人・熟人・自己人の関係から、より濃密な義兄弟・姐妹関係へと、境目のない状態でつながっていると言える。

関係の構築には？

春節前の中国では、街で大きな箱詰め袋詰めの贈答品を抱えた人がひっきりなしに往来している光景によく出会う。中国では贈答品は派手で大きく、受け取る側を量的に驚かすようなものの方が好ましいようだ。中国のお酒の白酒などは、実際にお酒の入った瓶の三倍も四倍ものの容積の硬い紙のケースに入っている。その他にも街の老舗のお菓子類、天津では「十八街麻花」「狗不理包子」「小宝栗子」などなど。このような〈礼物《リーウー》〉（プレゼント）を親戚・知人に届けて、春節を祝賀する気分を共有するのである。春節の時以外でも、いろいろな節目に礼物をプレゼントする。私などは時々お世話になった中国人にお土産として日本の品々を持っていく。異国人同士でもそうなのだから、親しい関係を取り結んでいる中国人同士では当然である。こうした贈答品のやりとりは、日本のお中元やお歳暮と同じ性質のものなのだろうかと問うてみたとき、そこに相違を見いだすことは困難である。いずれにせよ、人間関係を維持し、それをより強固にするための贈答品の授受であることは間違いない。贈答になぜ中国人は大いに気を遣うのか。それはやはり「人間関係の構築」が目的であり、お互いの「利」のやりとりを表現するものとしても、贈答品はあるのだろう。マルセル・モース「贈与論」で中国社会を分析したら面白いかもしれない。

礼物以外にも、人間関係を取り持つものに、親族や親しい友人（〈親人・自己人〉）という人脈がある。こういう非常に身近な関係にある人間同士の間では、常にその間に協力関係や便宜供与があり、それがまたその関係を強固にしていく。例えば、何かを修理する場合、発注権のある人が自分の知り合いの業者に頼んで工事をしてもらうなどである。便宜供与は何も仕事上の利益に限らないだろう。自分の知り合いを、自分の友人が経営するレストランに案内したりするような、口利きや就職斡旋、いろいろな人への紹介などである。こういう便宜供与が、一方通行のものではなく、強固な相互性によって支えられているとみて良いだろう。

中国で常に問題になる「賄賂」について言えば、種々の社会的結合関係に基づく贈答品の授受が重層的に輻湊する社会的慣行の中で、「利」のやりとりがその背景にあることは言うまでもない。そういう通常の「利」のやりとりが、賄賂の温床となっており、普段の相互関係の中において行われる利の授受の異常に肥大した状態が「賄賂」というものではないのか。となれば、中国的賄賂を絶滅させることは、きわめて困難だと言わざるを得ないだろう。

六　日本と中国の恥の感覚

学生からのたより

四期生の劉媛さんが三重大へ留学中、天津にいる私にメールで質問してきたことを以下に紹介しよう。メールの冒頭の言は、彼女の「外教与我」作文が三等賞を受賞したのだが、そのファイルを私が請求して送ってもらったお礼を述べて、一読して感想を書き送ります、と私が言ったことに対する彼女からの対応である。原文そのままで掲出する。

《東先生　ぜひご感想を聞かせてください、楽しみにしております。先生も相変わらず忙しいですね。でも、お身体を壊さないよう、気をつけてください。日本でお年寄りに席を譲ることは失礼なことでしょうか。先週土曜日に奈良に行った電車の中、一人のお婆さんに席を譲ったら、案外に断れてしまった。ちょっと悲しかったが、中国でごく当たり前のことが日本で失礼なことになって、本当に異文化摩擦を感じました。それはなぜだろう。日本人は思いやりがあるって言われたんですが、なぜ日本人のお婆さんが席をゆずしてくれる人の気持ちを受け取ってあげないのかを知りたいです。先生に教えていただけませんか。名古屋の再会を楽しみにしています。どうぞお元気でください。劉媛》

《劉媛さん　この問題はなかなか難しいですね。状況によりますし、人によっても異なります。私も天津の地下鉄で席をよく譲られますが、「すぐ降りますから」とか言って断ることが多いです。日本の老人はまだまだ自分は健康で、若い者から老人扱いされたくないという人もいますし、運動というか体力強化のために電車内では立って目的地に行こうと考えている人もいます。若者にも、家庭での躾のない人や自己中心の者もいて、決して席を譲らない場合もあります。

しかし上記のことは単なる老人や若者の個人的な意思から説いたもので、日本人の公衆エチケットに関する意識一般からの解釈ではありません。

一般的に言うと、日本人は公衆の前で特に自分が目立つことを「恥ずかしい」と感じることがあります。皆の注目を浴びることが恥ずかしいのです。つまり、若者から譲られて、「ありがとう」と言って席に座り、若者は席を立って、その近くに立つか次の車両に移るなどの一連の成り行きを、周りの人が全部見ているのです。老人と若者はその寸劇の主人公として周りの観客から眺められる、こういう寸劇の主人公になることを極力嫌う意識が日本人にはあります。次の車両に若者が移ってしまうのもその恥ずかしさから逃れるためです。譲り・譲られることに「照れくささ」を感じているのでしょう。もちろん、身体が弱かったり、疲れている老人は喜んでその善意を受け入れる場合も多くあります。照れくささなどは自分の辞書にはないよ、というような厚かましい老人もいて、若者などの申し出を待って目配せする人もおりますがそれは論外でしょう。

若者があまり席を譲りたがらないのも、老人への愛着がない若者も中にはいますが、多くは、みんなから善意の主人公として見られたくない、という意識があります。中国の若者はもろに敬老精神が発達していますから、そんなことで恥ずかしさを感じないのだと思います。というよりも、中国人の方が、周囲の目から自立している、自分の判断で善行を実践することに何の躊躇も感じていないのではないでしょうか。

時代も移り変わり、私のような老人の発想は、今の若い日本人にはあまり無いのかもしれませんが、日本人学生と討論するのにはいいテーマかもしれません。いちど日本人学生に訊いてみて下さい。また、天津同学との間で、同種の経験を話し合うことも面白いかもしれません。

明日の授業準備と他にもやらなければならない仕事を思い出しましたので、このへんで。

トンチンツー》

《東先生　本当にありがとうございます。お忙しいところをそこまで解釈してくださって、誠にありがたいと思います。勉強になりました。私の日本語の能力が低いので、今の感想を日本語では表せないが、中国語では「醍醐灌顶」のようです。ありがとうございます。先生のご指導のように、あの問題を研究しようと存じます。どうぞお元気でいて下さい。劉媛》

以上の、日本人的な「恥の感覚」に関する私の解釈はその基本に触れていないかもしれないけれども、もちろん日本人における恥の一面を説いていることは自分自身の経験からも言い得ると思っている。問題は中国人の恥の感覚である。中国人はあまり「公恥」の観念がないという私の推測は果たして正しいのかどうかである。しかし観察していてもなかなかそういう内面の動きが分からないのが通常であり、学生にあなた方が恥ずかしいと感じるのはどういう時ですか、と質問したこともあったが、はかばかしい回答はなかった。

以前から私はルース・ベネディクト『菊と刀』やそれに対する諸家の論評を通じて、特に日本と中国の恥の相異について関心をもってきた。私は、向坂寛『恥の構造』（講談社現代新書）のベネディクト評価の見解を穏当なものと考えるのだが、ここで問題にしたいのは、森三樹三郎氏が指摘するように（『「名」と「恥」の文化』講談社現代新書）、中国と日本とが同質な「恥の文化」に属する、と判定してよいのかどうかである。以下に拙論「中国と日本に於ける『恥の文化』」（『「社会科」学研究』二〇号）を一部分だが引用して参考に供したいと思う。

「恥」と「名」と「面子」

《もちろん中国にも「恥」の観念が強く存在していることは森氏のいうとおりでしょう。しかし、日本でよくいう、「そんなことをしたら世間の人に笑われるよ」というような注意を、中国人も同じような重みをもって受け取るであろうか、と考えたとき、どうもそうではないように思われてなりません。私の中国研究はまだ浅く、断定することはできませんが、中国人の行動原理にとって「公恥」がもつ比重は、日本人にとってもつ比重と同じとは考えにくいのです。森氏は、先述のように、「名は表であり恥はその裏である」といい、名を名誉と解し、「名誉を失うことが恥であり、不名誉はそのまま恥である」、「名のあるところ、その裏には必ず恥がある。名の思想が強く支配するところでは、恥の感覚もまたそれだけに鋭いものがあるはずである」と言っております。また、「中国で罪よりも恥の観念が優位をしめたのは、キリスト教のような有神論をもたなかったからである。神が存在しないのであるから、行為の善悪を決定するものは、『神の罰』ではなくて『世間の制裁』であり、しかも刑罰による制裁ではなくて『道義による非難』であった。道義的な非難に対する恐れ、それは恥にほかならない」ともいっております。換言すれば、「世間の制裁」によって名誉が失われることが恥であって、その「世間の制裁」は道義にもとずくということになるでしょう。しかし、なぜ名誉を失うことが恥と意識されるのでしょうか。また、「世間の制裁」が道義とイコールなのでしょうか。森氏の「名」の解釈、つまり名を単なる名誉・名声と解するところからこの疑問が出てくるのではないでしょうか。名をまずその人の社会的存在名称ととらえ、そこには社会的存在に要求される規範も含まれているとしましょう。教師は教師らしく、学生は学生の本分に従って行動するべし、などなど現代ではあまり受けませんが、そういう「分」を含んだものが「名」とします。「名分」という言葉もあります。この「名」に違背する行為を行なった際、人は「恥」を感じるのではないでしょうか。それは「名」の中に道義が含まれているからこそそのことではないでしょうか。これは向坂氏の「自恥」に相当するものです。もちろん、中国においても「公恥」は存在します。しかし、日本のような「公恥」の比重が高く、「自恥」の弱い文化とは異なっていると思われます。

以上のことを、中国人の具体的な行動から実証することはここではできません。ただ、二三の事柄でそのことを考えてみたいと思います。中国人の国民的性格として必ず挙げられるものに「面子」の重視があります。これを理解することはたいへん難しいといわれます。貝塚茂樹氏は、アーサー・スミス『支那的性格』に、「中国人の間では失策を咎められることは体面を損なうことになる。だからどんな証拠があっても、体面を保たんがためには事実をさえも否定しなければならない」といって、テニスボールを隠した苦力がとがめられ、ボールのなくなった場所へ行き、ひそかにズボンの中からそれを落として、ここに貴方のなくしたボールがありましたよ、といってそれを差し出す、という例を紹介していることにふれながら、「実利的で、客観的でもある中国の政治家や外交官が、外交交渉で意外と思われるほど『大義名分』にこだわるのも、この自己の面子の保持を重視するからであろう」と言っております（岩波新書『中国の歴史』上）。この「面子」の尊重は、やや牽強附会かもしれませんが、「名」に対応した、周囲の人々との正常な関係を虚偽的にせよ維持しなければならない中国人の行動準則なのではないでしょうか。つまり「名」の尊重であります。上海に長く住み、魯迅とも親交のあった内山完造氏はその著『中国人の生活風景』（東方書店）の中でこの「面子」にふれ、「中国の面子の普遍的意味としては私は、らしい、らしく、ということだと思う」と言っております。私は「面子」と「名」は深く関係していると考えます。また、中国で生活したり、旅行した日本人があきれながらよく指摘することに、中国人のネポティズムつまり縁故主義があります。近代的な社会システムや法律・規則による事柄の処理に慣れた日本人からすると、まことに不合理な慣習だと思われます。しかしこれもよく考えてみると、親戚の一員という、あるいは友人という「名」に拘束された中国人の義務履行なのではないかと思われてきます。

最近、『ビートルズを知らなかった紅衛兵』（岩波書店　同時代ライブラリー）を読みました。この中に登場する父親の唐平鋳の生き方に中国人の「名」への忠節を強く感じました。唐氏は延安時代以来の革命家であり、解放軍報社や人民日報の編集長をつとめた党幹部でありましたが、文化大革命の際、七年間も軟禁され、釈放後癌で亡くなります。亡くなる前、この本の著者である息子に次のように語っています。「一人の中国人として、誇りと自信を持って、祖国のために、自分の力を捧げてほしい。……君は、中華人民共和国の国民であり、共産党指導下の社会主義時代の青年であり、プロレタリア革命家の息子であることを忘れないでほしい」と。私はこのくだりを読んだとき、ああ、これは中国人の「名」なのだなあ、と思いました。「中国人」・「人民共和国の国民」・「社会主義時代の青年」・「革命家の息子」これらはすべて個人に付与された「名」なのです。この「名」にふさわしく行動することが中国人にとって義務であるわけです。複数の「名」によるジレンマもここから生ずるのですが、ふさわしく行動しないとき「恥」が生まれるのです。こうした「恥」こそが、中国における「恥」の基本であって、そういう意味で中国も「恥の文化」に属するというのならば、私も納得します。しかし、ベネディクトの「恥の文化」とは異質ではないかと思います。ベネディクトも『菊と刀』で日本人の「名に対する義理」にふれています。「名に対する義理」への義務に違反したとき「恥をかく」ことになるわけですが、しかし彼女も森氏と同様、「名」を名誉・名声の意に解し、「自分の名声を汚さないようにする義務」とこれを定義しておりまして、対世間的な面に重点をおいて考えているようです。日本の道徳律が中国のそれの影響を受けていることから、日本と中国の「名・恥の文化」の共通性はもちろん存在するといえます。ただそこには、微妙な相違が存在するのではないかと感じられ、それを明確にすることが必要でしょう。

要するに、中国でも日本と同じように世間の評判を気にすることはあっても、日本のように所属集団や世間が第一義的にあるのではなく、「名」に負い目を強く感じる点、「名」を根本から規定している「義」からはずれることを畏れる心理が強く作用している、ということです。この相違は、岡倉天心も示唆しているように、ヨーロッパと共通する文化的要素が中国には多々あることからも説明できるかも知れません。つまり、中国文化の遊牧的要素が、従来言われてきたように、希薄ではなく、農耕文化と遊牧文化の合成に成る黄河文明と、照葉樹林的農耕文化の濃厚な長江文明との合体によって中国文明が形成された、という近年の知見にそれは基づいています。遊牧文化に共通する「天」の思想のような絶対的存在への信仰が日本よりも中国に於て濃厚で、そのことが中国の倫理感覚にヨーロッパのそれとの共通性を付与したと考えることができるかも知れません。「名」の内実についても、農耕文化の色濃い日本とはまた異なってくるのは当然かも知れません。日本人が、所属集団の要求する行動基準や場の雰囲気を第一義的に考えて行動するという社会心理に濃密に拘束されるようになるのは何時の時代からか、日本思想史の分野では既に明らかにされている事柄なのでしょうが、このような問題もあるでしょう。》

七　中国人と組織

組織と個人

かつて野球の試合の最中、中国人チームの投手がいきなりマウンドから自ら降りてベンチに引っ込んでしまい、監督が困ってしまったというようなことがあった。もちろんこの問題のピッチャーの個人的な性格に因るのだろうけれど、日本ではまずあり得ない光景である。自分がルールであって、団結力やチームワークは希薄というのが一般的な中国の団体競技に対する評価である。クラスメートの間でも彼らは決して相互に気を許していない。競争相手だからだ。教えてあげても良いようなことでも、特にその必要がない限り決して他人に情報提供したり便宜を図るということはないように日本人には感じられる。それぞれが個々バラバラに行動しているようである。

しかしそのくせ、クラスで団結しなければいけないような場合、しっかりと手をつないでいる。どうも、メンバーの気持ちが組織の一体化に向かっているときにそういうことが突発的に起こるけれども、普段は組織とかグループがまず前提としてあって構成員の気持ちが常にそれに向かっている、という感じではない。それぞれが常に自己中心的・利己主義的に動いている。自己中心・利己主義と言っても、我利我利亡者的にそうだというのではない。自分を中心にして周囲との人間関係を組み立て、その関係の「強弱」に沿って自らの判断で行動するという意味でそうだというのである。

かつて下村寅太郎氏がその著『東郷平八郎』で、日本の近代化の一典型として海軍を考え、西欧の精神を日本海軍が、その物的人的双方における組織性において完全に具体的な形に顕現したことを喝破したが、その議論がここでも参考になろう。日清戦争の時、威海衛を基地とし、「定遠」「鎮遠」を擁する清国の艦隊は当時東洋一と豪語し客観的にも世界からそのように見られていた。ところが丁汝昌麾下の清国艦隊がもろくも伊東祐亨中将指揮下の日本の連合艦隊に惨敗を喫したのである。明治二四年に丁提督が「定遠」「鎮遠」などを率いて横浜に入港したことがあり、日本側要人と新聞記者を招待して、その偉容をもってデモンストレーションをおこなったことがある。その時東郷平八郎が乗艦して視察をおこない、清国艦隊の乗組員の士気や組織性において劣っていることを看破したことが逸話として残されている。清国艦隊が日本の連合艦隊に敗れた一つの理由に、その近代的組織性の欠如を挙げることも不可ではないだろう。丁汝昌提督はじめ個々の清国将官は英国などにも留学し、優れた能力を有していたとしても、近代の戦争は組織で闘うものであり、一般の戦闘員が如何に訓練によって、将帥の手足として自在に動くように組織されているかによって勝敗は決まるのであろう。

日本の海軍が日露戦争を戦ったときにも、戦闘に入る以前から全員が一致団結してその組織的結合強化に努め、それぞれの部署に対する責任を果たし、全体の歯車の一つと自得して組織のために戦ったという姿が描かれるのに対し、日清戦争時の中国の海軍では、必ずしもそのような組織的一体性が発揮されなかったところに、その瓦解の原因があるのかもしれない。

あえて言うと、中国人にとって重要なのは、それぞれが有する「人間関係の網目」がその基本であって、社会を構成する人間の集団＝組織とは一線を画しているのではないか。こういう組織と個人との関係のあり方の相違が、「公と私」という日本ではおなじみのテーマとどう関わるのだろうか、というのが次の私の興味である。

中国人の私と公

中国人の生活意識における「公私観」については、注意しながら観察していたが、よく分からなかった。日本人のように「公私のけじめ」をうるさく言わないような感じがある。例えば、公費で食事をする場合にも、自分の「私的な関係者」を参加させたりすることが往々にしてある。これは中国人の意識において「公私の境界」はあまり截然としたものではない事を示しているのではないか。

中国の伝統的な公私観としては、「天下為公」と「天下為家」(『礼記』礼運)とがあり、また井田制における「公田」と「私田」がある。社会主義中国となってからは、共産主義的公有制によって「公」のもとに「私」が押さえ込まれたようなイメージがある。かつて人民公社において「大釜の飯を食う」という共餐の試みが行われた。しかしこれは失敗に終わり、農家の耕作形態においても「一家の私」に回帰していった。改革開放政策下においては「国営」よりも「私企業」の経営の方が優位に立ち、農家においても万元戸が希求されるなど「私」の開放が目指されたように見える。

しかし、先述したように中国人の人間関係は基本的には私的な関係であり、相互扶助的な関

海河で泳ぐ市民

係でもあった。そういう関係が中国人の日常生活にとってきわめて重いものであるとすると、通常の職業生活、市民生活における「公」的なものは、自ずからにして相対化されざるを得ず、私的関係としての人間関係を重視すればするほど、公的なものは背景に追いやられることになろう。しかし相互扶助関係がそこには厳然と存在しているからには、単なる「私」的な関係のみが前面に出るということはなく、公私の両面が複雑に入り組みながら、中国人によって生活されている、ということではないのか。こういう捉え方は、日本史によくある「孝ならんと欲すれば忠ならず」という二項対立的な社会構成観とはちょっと異なるのではないか、という推測を導くものでもある。中国の友人に質してみると、その問題を考える際には、中国人の「中庸」観念にも留意すべきだ、という示唆を得た。「公と私」という我々にはなじみの深いテーマは、中国人の社会関係や価値観の説明にとってどれだけ有意味であるのか、このこともっと掘り下げて考える必要があろう。

私があしかけ八年にわたって生活する中で気づいたこと、そこから考えてみたことはまだ多くあるが紙数も尽きてきた。ここに披露した観察の結果は、定点観測の強みがあるとはいえ、広大な中国のごく一部の地域に限られ、交流する相手はほとんど学生や教員、というある意味では特殊な世界に保護された形での生活であったから、まさに「管見」そのものであることは認めざるを得ない。ただ、自分の中国観を今後より深化させるという目標から見れば、一定の成果があったと言うべきであろう。特に「面子」という中国人の国民性については、若い頃からの関心事である儒教的な「名」の思想や「侠」という人間結合の紐帯意識などとの関わりで、今後の退隠生活の中の楽しみとして考究したいと思っている。

VI　おわりに

一　中国人にとっての日本

学生の作文から

二〇一三年頃であったか、ある学生が作文で、私の作文添削や授業での指導を評していたことがある。ずいぶん親切に、かゆいところに手が届くように修改してくれていることに感激した、作文の修改のみならずこの教師が授業中に学生を導くその仕方が丁寧なので感心した、今までの日本人観を改めなければならないと思った、などと書いてあって、私を驚かせたことがある。私への評価はヨイショだと思うとしても、日本人への見方を改めなければ、と言うところにこの学生の本音がうかがえるように感じたのである。

中国人学生にとって、日本人とつきあう機会はあまりない。彼らの日本人イメージはおそらく、物心ついて以来の両親などからの情報や教師の講話、歴史教育によって与えられたもの、テレビで放映されている日本の侵略期のドラマに登場する「東洋鬼」としての日本人像が主たるものであろう。もちろん、ずいぶん前になるが高倉健や中野良子等の映画（「君よ憤怒の河を渡れ」）が中国人の好評を博し、日本のアニメが世界を席巻して中国の若者をも虜にしたことから、日本人を恐怖の対象としてしか感じない、という中国人は少なくなってきたにしても、残虐で中国人を見下す高慢な日本人イメージも多くの人に抱かれていただろう。八年間の間につき合った学生たちにおいても、中国人一般にありがちな否定的日本人観から全く自由な学生はそれほど多くはなかったのではなかろうか。しかし彼らは三重大学に留学し、日本人学生とつきあい、日本社会の中で生活することによって、どんどんその認識を変えていったはずである。

日中間緊張の狭間で

二〇一〇年一〇月五日、国慶節の休暇に、学生の数名に案内してもらって「大沽砲台」を参観したことがある。新たに開通した天津—大沽間の高速道路を通って濱海新区へ入り、天津の外灘を通過して、いちおうの原形をとどめる砲台に到達した。大砲の大きいのが一門、他四門が海に向かって砲列をしく。

大沽砲台参観

前面は、当時は海であったのだろうが、今は埋め立てられて、天津新港や工場用地になっており、当時とはまた景観が異なるごとくである。

その遠足の時のことである。その観光地を見学に来ていた若い中国人男性が、何か抗議をしているような感じで私の学生たちに向かって文句を言っている。私は少し離れていたし早口だったので具体的に何を言っているのか聴きとれなかったが、おそらく私を日本人とみて、日本人なんかとつきあうな、とでも言っていたのではないか。時あたかも、尖閣諸島海域において中国船の船長が日本側に逮捕された事案によって、両国がぎくしゃくしていた時で、柳条湖事件記念日の九月一八日には、反日デモが北京や上海の大使館前で繰り広げられていたのである。「先生早くあっちへ行きましょう」とその場から立ち去ろうとする学生に、「あの人はなんて言っているんだい」と訊いたけれども学生達は答えなかった。おそらく直訳すると私をひどく不愉快にさせることを言っていたのではないだろうか。

こういうことはタクシーの中でも、運転手が小泉首相（当時）靖国参拝のニュースのボリュームをわざと上げるというような嫌がらせとしてもあったし、二〇一二年九月の日本政府の尖閣諸島国有化宣言により中国の反発が激化した際には、タクシー運転手から日本人とみなされ乗車を拒否されたこともある。しかし最大というかいちばん私をして、不愉快ではないが深刻に受け止めさせたのは以下のような体験である。

小間物屋での体験

二〇一二年夏前であったろうか、天津市内の小間物屋に入って土産物を探したことがある。案内の中国人学生に、ここには無いようだね、と日本語で話しかけたところ、奥から中年の女性がツカツカと私たちに近づき、中国語で、この店は日本人には売らない、と断固とした調子で言った。どうしてですか、と学生はやや抗議調で問いかけたが、店長は答えなかった。私は、いやいいからと言って外に出た。学生はまだやや興奮気味だったので、私は言った。もしかしたらあの店長さんの親族のどなたかが日本人に殺されたり傷つけられたりして日本人を憎いと思っているのかもしれない、個人はそれぞれの個人の歴史を引きずって生きているのだからあの店長さんには店長さんの想いがあってああいうことを言ったのだと思う、だから別の店にしよう、と。

私はその店長に対してちっとも怒りや怨みを感じなかった。むしろそういう人が中国に存在する、ということを自らの体験によって知ったことが私にある感懐を与えたのである。もしかしたらその店長は、当時の日中の対立関係から私たちを拒否したにすぎなかったのかもしれない。しかしその時の私の心中には、おおかたの中国人が持つ戦争時の日本人に対する憎しみが店長をそうさせたのだという想念がまずよぎったのであった。

私の中には、以前から、中国人に対するある種のコンプレックスがある。日本がかつて中国を侵略したという歴史的事実から生じた相済まないという気持ちが心のどこかにある。そういう気持ちの裏側には、かつて陸軍の一兵卒として大陸に渡り、作戦地で負傷したところを中国人に助けられ、私が中学二年生の時に帰国した私の母方の叔父のことも含まれてある。それが、中国古代史を専攻し、中国文明の偉大さ、そして何よりも日本文化の原基としての中国文化に敬意を抱いている私に、中国に対する一種の劣等感というか、複雑な気持ちをもたらすのである。おそらく私と同世代の方々には、中国の人々に対して相済まないという気持ちが心の奥深くにあって、できるだけ友好的な態度を以て接したいという気分があるのではないかと推測する。これまでの中国各地における民間レベルの日中友好交流は、おそらくこういう気持ちを持った日本人によって推進されてきたのではないだろうか。

先の店長に対する私の態度は「寛容」という言葉で表現できるのかもしれない。一般的には寛容は相手に対する深い「理解」がないと生まれにくいのだが、異なる文化モードによる行動への理解は、日本人的な、日本文化に拘泥し固着した発想では決して生まれないであろう。「友好は易く理解は難し」という言葉があるように、相手の文化を真に理解しないと、相手の行為に対する寛容な気持ちを持つことは難しい。中国人に関する日本のマスコミの罵倒に近い報道に接するとき、いや日本人だって少し前までそうだったではないかとか、中国人の発想を理解できていないなぁ、などと弁護したい気分に私は駆られるのである。相済まないという気持ちは、謝罪とか償いという方へはただちには向かわないのだが、もう少し中国人の側に立って理解してあげたいという気持ちを抱きやすいのである。中国側もそれに応えて次第に寛容な気持ちを持つようになれば、もっと友好的な態度で接してくれるようになる可能性がある。そのためには、単なる「友好」だけではなく、友好を支える「文化の相互理解」がどうしても必要である。若い中国人留学生諸君が日本に住んで日本人と付き合い、そして日本の社会や文化を良く理解する、また日本人の若者が中国へ留学して中国人の行動様式を驚きの目で見て、日本人と比較しながら「日本的なるもの」を相対化する、そういう若者による文化の相互理解、これこそが我々の合作弁学プログラムの根幹になければならない志向性だと思うのである。

最後のラブレター

中国人にとって日本という国がどういう意味を持つか、私が関わったこの合作弁学プログラムに即して具体的に言うと、中国人が日本語を習得するということにはどのようなメリットが現在、また将来にあるのか、という設問をすることは、このプログラムに関わる人々にとって切実だと思われる。

私は二〇一六年七月に退任したが、その数年前から学生に言っていたことを以下に紹介したい。それは、長期休暇や三重大留学の前に休暇中・留学中の努力目標を学生に伝えていた手紙である。以下に「最後のラブレター」と称して三重大へ留学する六期生の諸君に送った手紙の一部を引用したい。

《皆さんにはそれぞれの「日本語学習の目的」があるでしょうが、なぜ日本語・日本文化を学ぶのか、ということをもう一度自分の中で確かめて頂きたいと、「学びからの逃走」の感想文を読みながら、思いました。「日本語学習の目的」の一つとして、これは私の考えですが、以下のようなことがあると思います。

日本にはいろいろな学ぶべきモノがあります。日本の文化は、ある意味で「翻訳文化」だと思います。かつては「儒教の国の中国」から、近代以降は欧米の先進的な学術や文化を大いに取り入れて、日本独自の文化を築いてきました。それらは日本人の生活の中にしみこんだり、書籍に盛られたり、映像文化として表現されているものもあります。現在の中国にはない、世界中の先進的な文化要素が日本文化の中にかなりあります。

皆さんの学習の目的は、各人各様だと思いますが、日本語がうまくなれば、日本に現存するいろいろな学ぶべきモノを皆さんが獲得できるわけです。日本語能力を提高させることによって、皆さんの精神生活の中に興味深いことが次から次へと生まれてくる可能性があります。会話能力もその際大切です。日本人と会話や議論をしながら、学ぶべきモノがたくさんありましょう。私が八年近くも天津に居住していてもうじき中国を去ることになりますが、いま一番残念に思っていることは、中国語をマスターできなかったことです。中国語をマスターできていれば、人々の暮らし方、考え方、歴史や地理を含めた中国の文化について、もっともっと深い理解を得ることができたはずです。自由に旅行などもできて見聞を広めることもできたはずですし、テレビや映画などからも日本にいては分からない中国人の実態を知ることができたでしょう。そういう後悔を皆さんにしてほしくない、という気持ちが現在強くあります。

もちろん就職のために日本語能力を高めるのだ、という考えもあり得ましょう。それはそれでよろしいのですが、自分の内面というか人間性を豊かにするために、三重大での一年間の留学を大切にしてほしいと願っています。自分が豊かな人間になることによって、就職も自ずから決まってくるでしょう。孔子が『論語・為政』の中で「干禄」について述べている所を味読すべきです。そういう迂遠な考え方では、この厳しい中国では生きていけませんよ、という声が聞こえてきますが、人生の幸福とは何だろう、という問いを発したとき、お金だけで果たして幸せを得られるだろうか、というのが人生に対する私の基本的な態度です。》

二　合作弁学の彼方

新たな合作関係

ところで、私が天津での任務を終えて本帰国の準備をしつつあった二〇一六年六月頃、一通のメールが舞い込んだ。それは二期生の李一博君からのものであった。彼は北京に住んで電力会社に勤めており、奥さんは北京市の豊台区母子保健センターでナースをしているのだが、奥さんの勤務する母子保健センターでは、将来計画として、音楽療法によって妊婦の健康をはかるセクションを創設しようとしているとのこと。母子保健センターでは、奥さんの上司に意欲的な人がいて、中国で初めての音楽療法の部門を創るのだと意気込んでいるのだそうだ。そこで、李君が集中講義を受けたことのある三重大学教育学部の根津知佳子先生のことを思い出し、根津先生にご意向を打診してもらえないか、というのがメールの内容であった。

私はさっそく根津先生に連絡を取り、ぜひ北京に来てもらえないか、とお願いしたところ、快諾を得たのである。六月二四日・二五日の両日、根津先生は母子保健センターで関係者に講演し、その後は懇談会をもって、日本や世界の音楽療法に関する知見を中国人参会者に提供したのである。その時、李君と同じ二期生の郝皓さんが李君の通訳を助けるために駆けつけてくれた。郝皓さんは二〇一七年四月以降、九州大学教育学研究科の博士課程に在学中である。二期生の二人が私の前で根津先生の話を李君の奥さんやその上司・同僚の方々に一生懸命通訳している姿を見ながら、あの八里台の教室で日本語の修得に苦しんでいたこの二人がこんなに立派に役に立っているのだ、と胸にジーンとくるものがあった。

根津先生と李君の奥さんの職場との合作に示されるものは、日本における先進的な分野から中国人が学び、将来日本人が中国の先達から学ぶ分野も生まれてくるのではないか、ということである。我が日中協同教育の活動が、いろいろな分野での草の根の交流や友好活動をさらに生み出していく一つの契機となっていくであろうことをこの事例によって確信したのである。

私の夢想

私が合作弁学事業に精を出し始める頃より、三重大の国際交流というか、アジアの諸大学との交流に関して以下のような構想が私の中に次第に形成されてきていた。教育学部のニューズレターに投稿した文章をここに引用したい。それは「天津師範大学との合作弁学事業の彼方」と題する以下の文章である。

《合作弁学事業に当初から関わった一人として、是非申し上げたいことがあり、一文を載せていただきました。

今年の四月に、河南師範大学訪問団が学長室を表敬訪問した際、団長の副学長から、天津師範大学との合作弁学方式をぜひ河南師範大学においても実施したい、との希望が寄せられた、と学長から聞きましたし、そのことは学長ブログにも学長所感とともに掲載されております。また、つい先日、学長が江蘇大学をはじめ南京工業大学や安徽農業大学を訪問した際、全ての大学に日本語科があり、三重大学との協同教育の要望がなされたとのことを学長から直接聞きました。

このような要望が中国のみならず、他のアジア諸国の大学にもあることは十分推測されます。中国の天津師範大学のみならず、日本語・日本文化を学ぼうとするアジアの若者に、日本の国立大学が広く門戸を開くことは、日本への理解を深め、アジアの若者の友好交流にも大きく貢献する国際戦略となり得ます。天津師範大学との合作弁学事業はその開始点であり、ぜひ成功させたいものだと念じております。

このほど、生物資源学部においてもインドネシアのスリービィジャヤ大学とのダブル・ディグリー制度が開始されました。教育学部のみならず三重大学が全学的に、その教育や研究のノウハウを駆使し、アジアの若者を吸引する教育プログラムを用意することは、三重大学の将来にとっても大いに意義のあることだと信じます。教育学部がその先陣を切っているのです。

今後、日本語・日本文化に関する教育プログラムや教育方法を深化させ、三重大学を日本語・

日本文化のアジアにおける一大教育センターとする、という壮大な夢を描くことも、あながち無謀なことではないのではないでしょうか。》（『三重大教育学部　国際交流ニューズレター』No七　二〇〇八年一一月）

私の夢をもっと語れば、五〇年後の東・東南アジアにおいて、国境の壁が緩められ、それらを越えた青年達の自由な交流と学びあいの世界が広がったらなあ、と思う。アジアの青年たちのワンデルングが始まるということである。そのためにはアジアの諸地域においてアジアに共通する理念や連帯の絆が生まれる必要がある。それは一体どのような思想的裏付けによるものなのか、は私には皆目見当がつかない。しかし「異なる者同士が、それぞれを認め合いながら自らを主張し、共に一つの世界を豊かにする、そのために一人一人が心的な強靭さを涵養し、寛容の精神をもって自立することをめざす」とでも言おうか、そういう若者たちによってアジアの平和な未来がうちたてられること、これが私の願いである。

あとがき

本帰国してからちょうど一年、二〇一七年八月の初めにこの「あとがき」を書いている。

本文に書き忘れたのだが、八里台の金橋賓館には世界中のいろいろな地域からの留学生が宿泊していた。韓国の留学生はもちろんいたが、エレベーターや廊下で二言三言話したのは、はじめは話しかけにくかったケニアやロシアの学生たち、振る舞いが日本人に似たタイの学生、気さくなアメリカの語学研修生、かっこよかったアゼルバイジャンのおにいさん。一番親しくなったのはインドネシアの青年で、四年間、出会うといつも日本語かインドネシア語で挨拶したりした。彼らとはもちろん中国語で会話をするのだが、アジアに属さないケニア・ロシアの若い女性やアメリカのマッチョな男と中国語で話すのはまことに奇妙な感じがしたものだった。外国人にはなんとなく人見知りをしがちな性格だった私は、まぎれもなくあの八里台で国際化されたのだと思う。今となっては彼らが懐かしい。

そういう私自身の変容も含めて、天津での生活、学生たちとの交流、日本語教育への挑戦、中国人の観察など、自分のために記録を残すつもりでまとめてみたのが本書である。副題に「日中協同教育」を用いたが、それはやはり、本書の中身である「日本語を教える老人の体験や感想」の背景でしかない。両大学による協同教育という舞台で下手な踊りを踊った老人の物語としてお読みいただければありがたい。

本協同教育システムの構築とその成果は、言うまでもなく両大学の多くの教職員の熱意と尽力に負っている。いつの時にか、本協同教育プログラム全体を覆う公式の記録が整理されんことを期待したい。

本書のあちこちに三重大・師範大の教職員やその他の関係者の方々、そして多くの卒業生・在学生の皆さんにご登場ねがった。ご尊名を使わせていただいた方も多いが、本プログラムに関わる仲間または天津での友人と思って特にお断りをしなかった。その点はどうかご海容をお願いしたい。また、学生諸君の真剣な学びや八里台老人への親切あふれる介護、師範大スタッフによる快適な生活や労働環境の確保、天津・北京での老から若に至る多くの朋友との心暖まる友誼、これらがなければ、本書を上梓したいという気持ちにならなかったであろう。関係の皆さんに厚くお礼を申し上げる。

本帰国によってようやく夫婦二人だけの静かな生活が実現した。四〇数年にわたる我儘も、人生の黄昏期八年間の異国単身生活でおしまいになるはずである。出版は、拙著『王莽』を出してもらった白帝社の伊佐順子さんをたより、いろいろとご配慮をかたじけなくした。

伊佐さん、どうもありがとうございました。

二〇一七年八月一〇日　東　晋次　記す

2005年（平成17年）

1月28〜30日	天津師範大学より徐建棟副学長、顧願外国語学院長、鐘玉秀日本語学科主任来学
2月18日	短期（1年間）留学生として佐藤耕平君（教育学部3年生）が出発
3月6〜20日	第2回天津師範大学短期語学研修および交流の実施（別府直苗団長、東晋次副団長。東教授は集中講義「日中文化交流史話」を行う）
3月15〜18日	教育学部森脇健夫教授及び学生5人、森脇教授の三重大授業の一環として天津師範大学訪問
3月15〜20日	平成16年度三重大学教育GP「天津師範大学における『日本語教員養成コース』（仮称）の設置、運営に関する協力、支援事業」関係で教育学部伊藤彰男教授及び早瀬光秋教授が天津師範大学を訪問
4月2・5日	天津師範大学より2名の短期（1年間）留学生（李奇・楽学生）来学
6月13〜15日	教育学部「天津師範大学日本語コース支援・合作委員会」東晋次委員長、「学部改革委員会」伊藤彰男委員長、打ち合わせのために天津師範大学訪問

2006年（平成18年）

3月14〜17日	松岡守訪問団と共に東教授・伊藤教授師範大訪問、協定基本項目を協議
3月27〜30日	協定書基本項目の相互確認のために訪問（東委員長・伊藤副学部長・堀芳人事務長・王秀崙生物資源学部教授〔通訳〕）
8月7〜12日	協定調印のための協定書作成のため訪問（東委員長・伊藤副学部長）
9月8〜10日	豊田長康学長・丹保健一教育学部長が合作弁学協定調印のため師範大訪問、9日調印・開学式典
11月13〜15日	師範大の高玉葆学長・鍾英華学院長・楊薇交流副処長等が三重大を訪問

2008年（平成20年）

9月6〜8日	豊田学長・小林英雄理事（国際交流担当）・山田康彦教育学部長ら師範大50周年記念式典に参列

付　録　三重大学と天津師範大学との交流記録

2002年～2006年

【以下においては、官職などはすべて当時のものである】

2002年(平成14年)	
10月	森脇健夫助教授が天津師範大学を訪問し交流協定について討議
11月	交流協定について具体的な準備開始（国際交流委員会）
12月	教授会審議を経て協定書の原案作成開始
2003年(平成15年)	
1月	研究協力課、留学生課に協定・学生交換覚書（原案を含む）についての現状報告
2月	教授会に協定締結について提案
3月15日	天津師範大学において協定締結（川口元一学部長・早瀬光秋国際交流委員長・大西幹雄事務長補佐訪問）
3月16～20日	伊藤彰男教授、佐藤廣和教授及び森脇健夫助教授他教育学部学生30人が中国における教育現場実習授業のため天津師範大学訪問
11月18～22日	天津師範大学の王桂林副学長・林彬設備管理処長・田園国際交流処員三重大学訪問
2004年(平成16年)	
3月7～10日	丹保健一学部長、杉本勇事務長が天津師範大学訪問。大学間協定に移行することに関して両者の要望を確認
3月7～21日	第1回天津師範大学短期語学研修実施（団長、宮地信弘助教授）
4月2日	天津師範大学より3名の短期（1年間）留学生（韓局・肖棟琳・侯妍）来学
11月20日	天津師範大学と三重大学、大学間協定及び学生交流覚書締結
12月27～30日	平成16年度三重大学教育GP「天津師範大学における『日本語教員養成コース』（仮称）の設置、運営に関する協力、支援事業」代表東晋次教授、伊藤彰男教授、佐藤廣和教授、森脇健夫教授及び手塚和男教授らが天津師範大学訪問

東　晋次（ひがし・しんじ）

1944年三重県紀伊長島町（紀北町）に生まれる。名古屋大学大学院文学研究科博士課程満期退学。愛媛大学、三重大学で教鞭をとり、2009年4月～2016年7月天津師範大学で日本語を教える。専攻は中国古代史。博士（歴史学）。著書：『後漢時代の政治と社会』（名古屋大学出版会）・『王莽―儒家の理想に憑かれた男―』（白帝社）

退職老人の日本語教育―日中協同教育 in 天津

2017年9月30日　初版発行

著　者　東　晋次
発行者　佐藤康夫
発行所　株式会社 白帝社
171-0014　東京都豊島区池袋2-65-1
Tel　03-3986-3271　Fax　03-3986-3272
http://www.hakuteisha.co.jp/
装　丁　唐　涛

組版・印刷　倉敷印刷㈱

© Shinji Higashi　2017　Printed in Japan　ISBN978-4-86398-303-8